本书惠承

乐俊民严赛虹基金会赞助出版

2026 年 3 月 第 1 期，总第 21 期

纽约一行

First Line New York
Quarterly Literary Magazine

《纽约一行》杂志编辑委员会

纽约一行

文艺季刊
First Line New York
Quarterly Literary Magazine

主编：严力

纽约一行杂志编辑委员会：

　　　　王渝　邱辛晔　冰果　张耳　曹莉　程奇逢　严力
　　　　于捷（摄影编辑）

翻译部：　梅丹理　张耳　楚鸿　李玉然

项目经理：章清

艺术作品和插图：李川　杨勇　千千　严力

责任编辑：　冰　寒
封 底 图：　严　力（纽约）
美编设计：　王昌华
出　　版：　易文出版社

目　录

现代诗选

灼华（纽约） 3
　　真 相

杨四平（上海） 4
　　十楼夜酒

马越波（纽约） 6
　　在 520 PARK AVE 公寓
　　在约翰·杰伊公园

辛刚（甘肃） 8
　　开 锁
　　避孕套

黄离（俄亥俄州） 10
　　在远方
　　十二月

陆永奎（云南） 14
　　行走的鱼

河新（德克萨斯） 15
　　等待融化

陈东东（上海） 17
　　长得像博尔赫斯的人

阿芒（台北） 20
　　走风日

廖伟棠（台北） 22
　　驳布罗茨基〈论乌克兰独立〉

袁永苹（加拿大） 24
　　未解锁的房间

刘晓萍（清迈） 26
　　湖底的康塔塔
　　灰　烬

宋子江（多伦多） 29
　　残缺的古炮

张耳（奥林比亚） 31
　　布拉格的卡夫卡

庄晓明（扬州） 33
　　沉思集选

大康（陕西安康） 41
　　对一个人的怀念
　　提与按

陈金茂（纽约） 43
　　转身处（外二首）
　　钉子的想法
　　失　控

寒山老藤（布鲁克林） 47
　　裸　露
　　世间需要一张羊皮
　　母　亲

王凯丽（云南） 50
　　只是天黑了一下

唐杨雅致（西安） 51

    交　流

    儿时的回忆

    伤口的逻辑

邱辛晔（纽约） 56

    难　题

    养一条狗

    动剪刀的理由

祁连山（上海） 59

    我会捧着鲜花去见你

    镜

    初　见

祁国（上海） 62

    没有什么属于我们 ——致敬严力先生《还给我》

    野战排

    绝　望

陆渔（上海） 66

    下午茶

    未拆封的清晨

    小国寡民

冰释之（上海） 69

    时间的花朵

    这上了年纪的幸福和愚蠢一模一样

    只是在昏暗的咖啡馆里看了你一眼

程庸（上海） 73

    不按时下山的太阳

    矮小的崇高

    石子在脚下接受摩擦

郁郁（上海） 76
　　笨嘴笨舌的他说我说
　　临行以后的诗篇
　　情系罗马心向地中海

Anna 惠子（上海） 82
　　父亲的手
　　遇见自己

潮水（中国） 85
　　你 说

王小拧（上海） 86
　　两颗橘子
　　表演欲

雅各（安徽） 88
　　他们是怎么爱上猫的
　　中国诗
　　心中的猫

海默（北京） 92
　　十行以内诗 10 首

宁小仙（陕西） 97
　　年
　　知更鸟
　　朝 朝

严 力（纽约） 100
　　看见的声音
　　后人所为
　　筷 子
　　存 在

徐敬亚（深圳） 104
　　这不是诗，这是血和铁

雨文周（纽约） 105
　　暴风雪来临之前

李不嫁（长沙） 107
　　被打断的梦境

洪彬（伦敦） 108
　　自由的考古學

吴撇 109
　　我几乎忘了桃花
　　去李堡幼儿园，做个小孩吧

白哉 111
　　技 艺

梁小曼 113
　　献给巴维尔·弗里德曼的歌谣

侯舒啸 115
　　格子里的人

黄宏宇 116
　　淮河

祥 子 117
　　国清寺

鲁侠客 118
　　春 词

盛醉墨 119
　　年 味

丘 丘 120
　　明天的垃圾

温大侠 121
　　树在山岩上长着

子 萱 122
　　初 三

翻译及评说

寒冬　作者：保罗·策兰　翻译：岩子（德国）...................... 125

绝望的对话　朱良 130

大地有许多秘键　作者：艾米莉·狄金森　翻译：岩子 132

大地的歌吟永远也不会消亡　赵佼（太原）...................... 137

散文随笔

北海一日　山橪（成都）... 141

祭祖　程应铸（纽约）... 144

太平洋中失落的世界
　　——加拉帕戈斯群岛七日手记　刘辉（纽约）................ 152

从合唱团到 K 线图　竹笛（加拿大）................................. 170

感受错失　寒山老藤（纽约）... 172

本期艺术家及摄影师

李川　杨勇　千千　严力

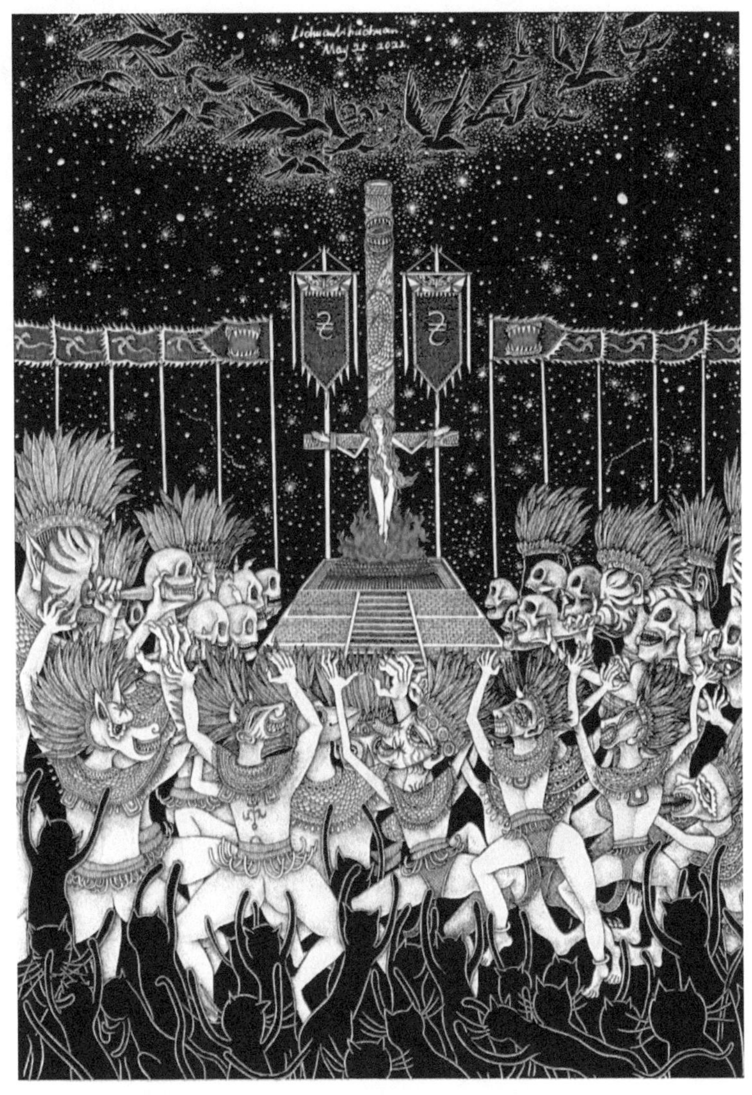

李川作品　我悬浮在麦田上空（为安纲诗句所绘）

灼华（纽约）

真 相

冬的枝条裸露
刮去络腮胡须的空荡
让四季的真相大白

大树在沉默中执行
死去又活来的命令
卷心菜围拢在树的脚踝
套上彩色花边的宝塔裙
排演抗寒团体操的方阵

门外花床里，一丛丛
黄绿不明的芽尖
它们罔顾暴风雪的预警
伸出青楞的头颈 ——
三九的威严往往要由
　　　　嫩拙的无畏
　　　　　　戳
　　　　　　破
高枝上悬挂的
空　　　　　虚
矫情在凛风中
慌乱，滑

落，钻进土
生出一地的叛逆

杨四平（上海）

十楼夜酒

刚进门
桃红，柳绿
不，不
是安娜，是露丝
是西西里岛的纬度
是纬度上的石灰岩和阳光
是阳光下的古罗马小调
是小调悠扬中的水上威尼斯

我们是千年古城酒巴里的幽灵
穿梭于民间与宫廷
意语 CINA 与英语 CHINA
社与资
大学与商场
声与色
明与暗

那些立于酒橱
卧于地面上的老意大利
和新保加利亚
那些琥珀色
血红色、肉色、嫩色、
成色的葡萄酒

是闭仃于暗处的美少女
抑或是优雅于席间的妙少妇

猛回首：
我们是在人世间
还是在伊甸园？
知否？知否？
不确！不确！
应是雨疏风骤
应是浓睡残酒
应是夜酒十楼

为美折腰
腰才不累

马越波（纽约）

在 520 PARK AVE 公寓

冬日洒落在高墙上
新年空荡的街道，寒风枯叶
一个高耸入云的方尖碑
一座大教堂，一所音乐学院

我停伫墙边，没有看到这些
不远处就是大西洋
然后缓缓进入黑夜
进入江南旧日银河里的村庄

推门进入街边的咖啡馆
很多年轻人散聚在这里
独坐的老人仰望着一扇高窗
像是有什么东西落下来

像是可以伸手接住他们
二十年前，更久远之前
像你早已和我说过的话
"苟日新，日日新，又日新"

在约翰·杰伊公园

她沿着长椅间的小道走着
白云停在头顶，她不理会
她绕着池塘旋转
像小行星在分离
她背靠大树，她抱上树
她脱下外套，躺了下来
泣声撞击着草地，花丛

如切如磋，如琢如磨
每天她来到这里等待

辛刚（甘肃）

开 锁

我尝试着打开大门上
灰色的老挂锁
在一长串钥匙中间
找到了那把锁
钥匙上面粘着一块
医用胶布，上面是我爸
用黑笔记下的记号
字迹已磨损掉了
只有我开锁的那个动作
还是那么崭新
我感到我的手腕
被握着拧了一下
那是我爸在催我开锁

2025.12.14

避孕套

记者问津巴布韦
"如果时光可以穿越
你最想做的事是什么"
"回到 1945 年
找到特朗普的父亲
并送给他一个避孕套"

黄离（俄亥俄州）

在远方

总有比草原更辽阔更荒凉的绿
总有比密林更阴暗更幽冥的冷
在俄亥俄，总有大群的鸟儿群起群落
雁阵总在十二月才往南飞

鹿群总是横穿乡村道路
它们强壮、美丽，胆小却鲁莽
于是，死亡总会发生
在俄亥俄长大的人见惯了死亡

路边死去的还有浣熊、野兔和河狸
看上去都像刚进入梦乡
它们起飞时姿势肯定很美
在俄亥俄长大的人见惯了死亡

阿米什人每家都有六个孩子
他们不与外族通婚
疏离现代文明，依旧坐马车出行
遮盖油布刷满黑漆的马车

拉车的马儿强壮、美丽，从容不迫
黑马、枣红马、五花马……
偶尔会看到汽车和马车亲密接触
那达达的马蹄是美丽的错误

我养过狗从没养过马
最喜爱的动物却是马
有人去草原并不是因为喜欢草原
而是在给未来的马儿寻找牧场

2025.11.22

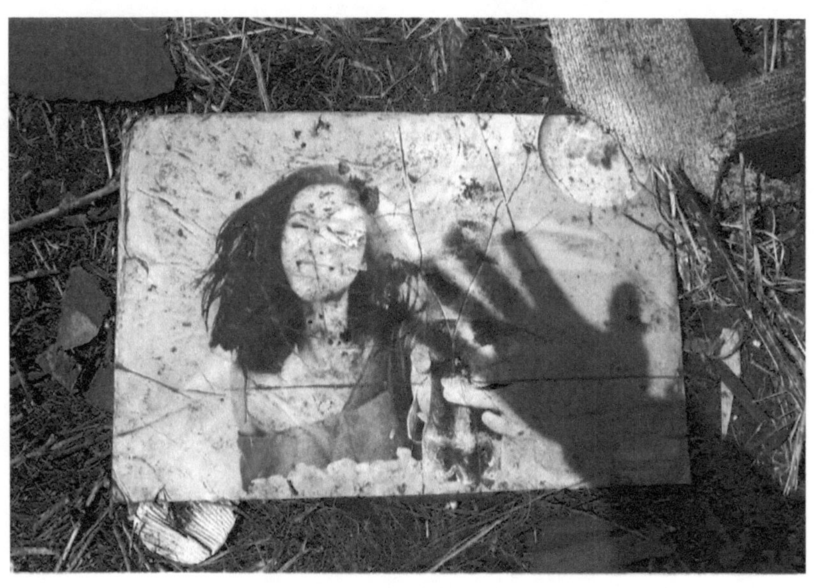

杨勇作品 "遗忘档案" 系列

十二月

玉米要在十二月收
大豆要在十二月收
恰好有晴天会晒干粮食
恰好有风能吹走尘土

庄稼走过四季
我们也走过四季
一年收获下来的
词语，沉甸甸

鹿，没了藏身的庄稼地
田鼠也失去长满大豆的家园
好在，人们只在超市采摘
残留的果实，足够动物泛滥成灾

大雪覆盖一切之前
它们进行最后的狂欢
无形的手驱走天敌
灰熊和豹子，躲在远远的山里

十二月蓝天高远
喷气式飞机总在天际
喷出细长白烟
如玻璃刀划过地球的穹顶

十二月的眼泪最咸

十二月的笑容最收敛
母亲写了一年的家书
已寄给所有的儿子

2025.12.1

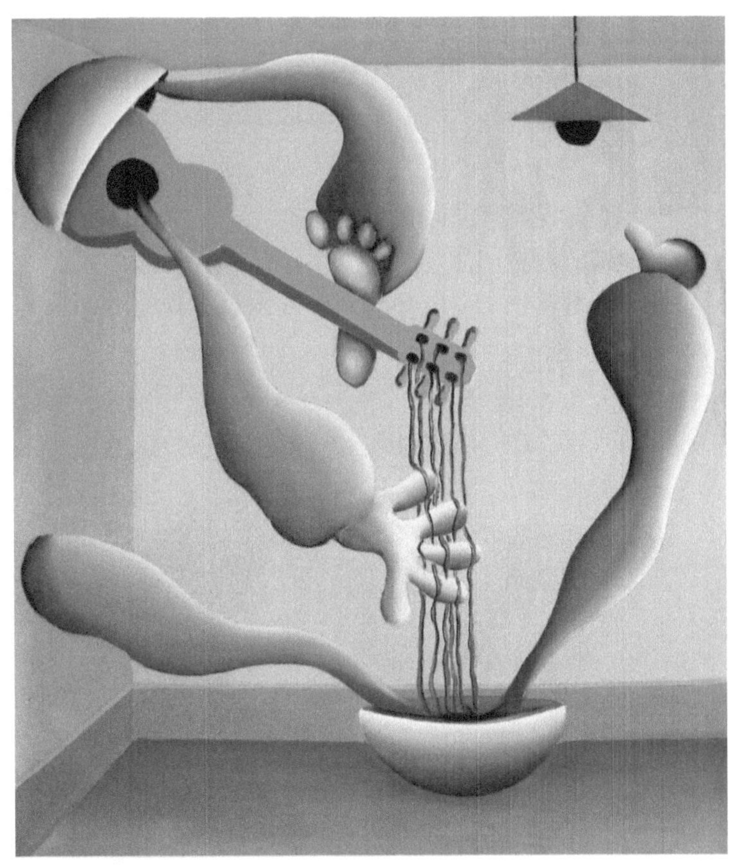

严力作品 梳理音乐，油画，60X72 CM. 1984 年

13

陆永奎（云南）

行走的鱼

因为水的存在
我便存在
由于水的惯性
我四处漂泊

我不知道季节如何变幻
只有时间将一切
向前推移
又向后退

可以吃的东西越来越少
包括土地山川
包括森林空气
也包括河流

我一直在变化着
游泳的方式
或许哪一天
可以像人一样行走

河新（德克萨斯）

等待融化

白垩纪的气候
将你冻结在少女时代
一直不曾化开
你的美张着不能愈合的
暗夜的伤口
用盐和沙砾包裹
月亮不忍发出清辉
群星按住了光的剑鞘
泪越过液体的形态
悬浮在脸上
澄澈的眼生出凝雾

美被置换为
令人颤栗的神秘气质
屈从于某个矫正的声音
疼痛摘下翅膀
跪在清明的天下静静哀嚎
你像静深的湖
贪婪吸取着另一个天空
等待陈旧的蓝色悬念
带着余怒冰冷地回归
周而复始
暗藏缺陷的人生

你屏住呼吸
将痛楚幽禁在肺的深处
紫罗兰炫目的美
开满你的双颊

你被困在一个寒肃的外壳
无法奔向热带
属于棕榈的柔情海滩
成为一个轻盈的存在
在一个坚实的怀抱里舞蹈

你呼出幽翳的寒气
无法消融的美析出冰柱
谜一样的青春
在你无辜的腮上涂写永恒
静静地　似乎等着某种融化
或是外来之手的重击
让你轰然倒下
然后草草收起跌碎的童贞
等待那凄美的灭绝
和新生代的开始

陈东东（上海）

长得像博尔赫斯的人

那天……我碰见他，在不同星球的
同一个半球。他蔚蓝的休闲装
用的是宇航船救生艇一样的膜材

另几件，他说，以沙之书之页
剪缀，裁缝，以埃及草纸或中国
宣纸，颜色巧取了太空空无无

二的乌有之乌云共享的二逼云
哎呦喂，这凭着第一宇宙速度
沿自己的轨道绕舌的人……

他说他已复明，尽管从未反清
他失去视力的那段日子，曾入主
图书馆天堂的模样——不必创世

却也得行上帝事，为各界编索引
所以，盲文反倒好，比一经说出
再看不见的语言之声好把握许多

他只需摸一摸，就立马算及物了
每首虚构或伪托之诗都被针扎
都刺破，都洞穿，都疼那么一蜇

他说疼过就豁然开朗了，伽马刀
刻奇眼睛的木马计，病毒撬后盖
顺古道热肠，钻探钟的密秘心脏

（既遭简粗，也还不觉胀）所以
戴着蛤蟆镜，又何妨见证时间
时代，忍痛时势以历史的名义

强行进入直至内射妈的还蛮过瘾
他有幸玩悭吝，不舍得浪费哪怕
丁点儿不幸的人间，将每厘每毫

每丝丝噪耳謴，对称地处理成
他乐意欣然签署的好饵炼
嗝……这勇敢地扯掉保险俗套

为弹无虚发而飞矢不动的老套人
慷慨陈词地快递来虫洞那边滥调
以反对本地陈词的人，正悬浮街头

瞥了瞥造就他不踏实今生的诸般
前生后生可畏——哦幸亏可投喂
还愿原星系。遥想当年，他告诉我

当年没去成上海，趁机甩到了纽约
有一趟，偶过五马路灌汤包子店
恰被拿塑料管围桌吮吸剩余肉汁

共庆世界诗歌日的其中一位隔飘窗
瞅准，便当街给拦下，力邀齐侃

顶流圈议题……我真还有别的事儿

只好遣波燧氏叨陪末座且待论战未来
新轮回，至于我，继续拄我的盲扙
独自去……

　　　　　侧对一枚街拍长焦镜
他还在回忆他那些想象或刻意遗忘
挥一挥衣袖，不带走一片所云的云彩

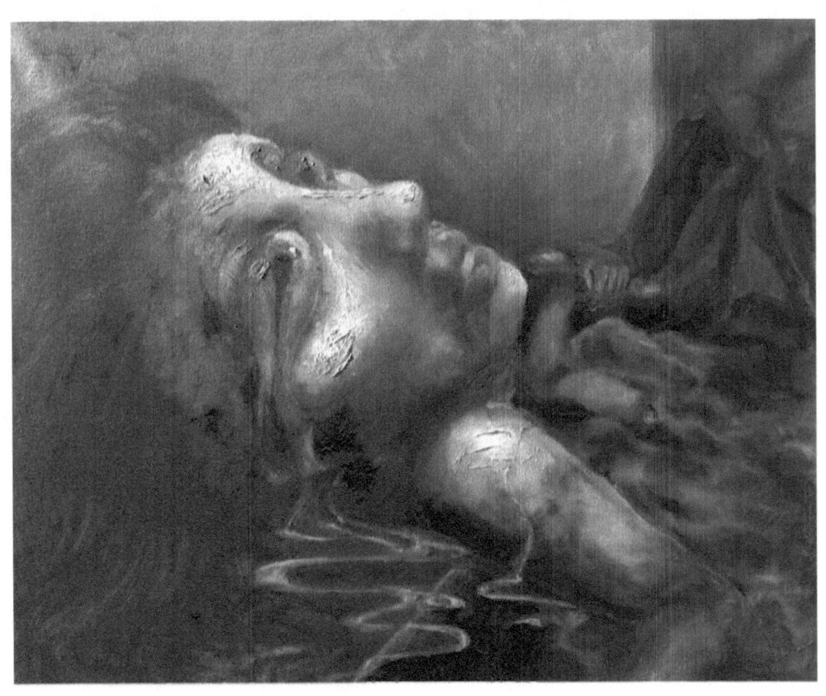

千千作品　嘴唇喝热吻在镜子的两边（之一）

阿芒（台北）

走风日

砍芒草打開遮蔽
砍黃藤讓狼牙落地
砍月桃補貼爛泥
用葉造橋
推進
遇崩塌，折回

在樹與樹間繫上藍色繩帶

走另一條
彎腰
彎腰
彎腰

和螞蝗分享體溫

匍匐
破碎
匍匐
破碎
擰
撿起

抵達三角點
寫上新校準的日期、高度：
差 1.5 公尺

地層堅持運動
人堅持測量

大冠鷲看著一切
嘯了嘯

人仰頭
胸肋裡樹影騰挪
輕輕叩擊石頭

大冠鷲
不發表評論，牠
讚歎
風好

廖伟棠（台北）

驳布罗茨基〈论乌克兰独立〉

WTF！怎能相信这是你，约瑟夫·布罗茨基？
1991 年没有 AI 深度虚拟，
但为什么你的头被嫁接在赫鲁晓夫的肥肉上
同时为它喝下一口拉斯普丁的圣水？

然后你开始摇晃如香炉，喋喋如咒骂巫女
的宗教裁判官，彷佛乌克兰的独立
是犯了诗国的天条，冒了谁的大不韪，
这就是你说过的诗歌要干预政治？

还是你忘记了自己是个被苏联欺凌的犹太，
忘记了自己追求诗人的独立而领受的苦役？
如果他们要写一首〈论布罗茨基独立〉
你猜他们要用尽几个脏字？

蓝黄旗的确比你藏匿这头沙文主义猪的头脑敞亮，
向日葵籽也不屑于噎死侵略者的黑太阳
自然有子弹和斧头为三十年后的殭尸预备
当他们在战地医院垂死，也只会背诵普希金的诗句——

但是他宣称傲视的人寰，或是你唾弃的第聂伯河
仍将互相抚慰、唇齿相依如自豪的情侣。
在这片土地上有爱，有不屈，
胜过你那十倍豪强的俄罗斯。

也是你十倍悲惨的俄罗斯，你像一个愚夫那样哭鼻子
因为安德烈·卢布廖夫的气球早就弃你远去，
古老的俄罗斯和塔可夫斯基死于流放地
泥泞的俄罗斯和茨维塔耶娃一样只剩下一根钉子。

多么可笑，我希望你至少因为写给爱猫波波的悼诗
而被我们记住，而不是这篇无情的咒语。
可是时间将会比一百年前公正
它不会原谅用仇恨糟蹋语言的人——

更何况，你糟蹋的，是你引以为傲的俄语——
你把俄语变成了恶语、甚至是鳄鱼，
以至于你之前的英语变成了阿谀，
你的诗歌利维坦就这样成形，喷着硫磺般的讹语。

这都改变不了那些无法被你伤害的事实：
阿赫玛托娃生于敖德萨，
曼德尔斯塔姆和娜杰日达相爱于基辅，
布格河水安慰过策兰的母亲，乌克兰的雪还在下。

他们哪一个不比你悲惨、比你伟大？
至于舍甫琴科，他的诗
缝补着布查，也将拯救你的西伯利亚——
不，那是诗人约瑟夫的，不是你的西伯利亚。

袁永苹（加拿大）

未解锁的房间

有太多牵绊挂住我们的脚踝
爱的名义被盗用，我们无法抵抗水流的侵蚀
速朽或者衰老，我们自唱哀歌，我们弹
琴以及琴的绵长为我们自己奏乐我们
等待来日不可能的方长以及扁圆，慢速击打
返家的步伐，烈日的渴望成形，乡愁是一次啜饮
全然的无奈，你说："用你击打的手指写也吃。"
一生飘荡在一个未解锁的房间里，炎热
非本能性的袭击，所有人的躯体，
雨在几天后会映衬水洼里的月亮。
——而它能怎么办？被无能的语言驱驰，按钮是软的，
藏在那个天赋的女人手里。而你是一个窃喜者，
因掌握了快乐的密码你感觉到——自由，
从窗口吹入，你能够高歌唱你自己的
肺腑——之言——。既然已经
告别陈旧的被广泛使用的语法，在连续转向
之前必定有众多的嘘声和口哨，意识的丝线
盘根错节，你在连接处，野餐发酸在未被探照灯
光临的时刻索要，新生的语素……然而过程
是一个探险队的命运，现在的问题是
不要停下，既然无人喝彩，就需要在
天完全黑以前达到一个合心意的加油站补给点，
加满孤独的膏油。还没有……摇动此刻的

铃铛，不存在的……分开清晰的水流，我在乎它，
在我诗中发出的非必要的恰当一声。

在一切的中段
回到一切的开头

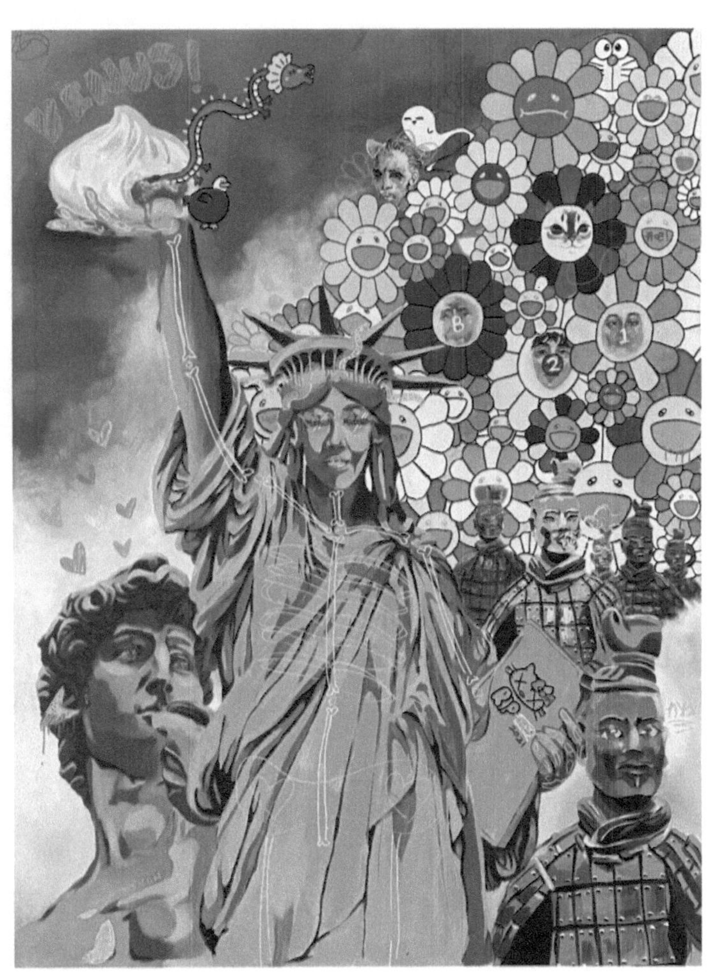

千千作品 无题

刘晓萍（清迈）

湖底的康塔塔

她是一个哑巴。
有时用鳃送出一个咏叹调，在湖底
开一朵小花。又像枯枝一样睡去。
是啊。她有骨刺一样的
硬壳，在湖底一天裂开一次
或数次。像一条起死回生的蛇
剥去一层皮。在湖底
疼痛是一枚虚妄的果子。
再多针尖也琢磨不透。

她练习过宴请。
在杯盘之间寻找同伴，那唯一的音调
被刀叉切碎。各种调料已让盘中物腐朽。
她看到了她的同伴——
在盘中。一点一点地溃丧其味。
他也曾在湖底啊。他也曾有匀称的鳃
咏叹调升上来时，他美如星辰。
桌面上突而其来的沙砾就像一场赦免。
她像扶住一堆沙砾那样扶住自己。
真是徒劳呵：
那铠甲，那缰绳，那裂胆摧肝的咏叹调
全都于事无补。

她是一个哑巴。
在湖底，通常被石头压着。
偶尔翻个身，在石头底下雕花
或者收藏一二颗种子，培植一株盆栽
稍许平复一下这皱巴巴的世界。
石头有时也会开口说话：
你见过云端的星辰，你见过一次了。
众鸟留下影子，不着其调
波澜像出膛的弹片。

灰　烬

在梦里
我把自己点燃了。

火光中成堆的面具化为灰烬。

"现在，让我们来谈谈灰烬。"

这是微亮的清晨。
一切回忆都有了固定的剧本。

这场大火平衡了不可能平衡的所有关系。
此刻，我是一个在灰烬中拥有新身份的人。

宋子江（多伦多）

残缺的古炮

曾架设在北湾以北的沙梨头炮台
还是对岸湾仔的银坑炮台
防卫水门要道

葡国主力战舰带着相似的炮膛
沉没在南非伊莉萨白港
对开的海域

炮身上有生锈徽号和阴阳铭文
果阿博卡罗铸炮家族
迁来又离去

抑或是英式布隆美菲尔德改良前膛炮
大炮台和伦敦塔共同守护中国
天主圣名之城？

帝国权力推搡城防要塞游动变幻
改旗易帜未必立即调转枪头
抹杀破碎的记忆

炮管内碎片不明来历堆积仅存的过去
炮口未曾想过被膛炸截断失落
太多烟云有待 X 光揭开

再度探测挖掘邻地未必寻到失落的魂魄
考古学家争相认领历史的头颅
有人说炮座流落伶仃？

北方乌云挥舞高昂雄辩的手势
指挥残缺的古炮再发
哑火的回声

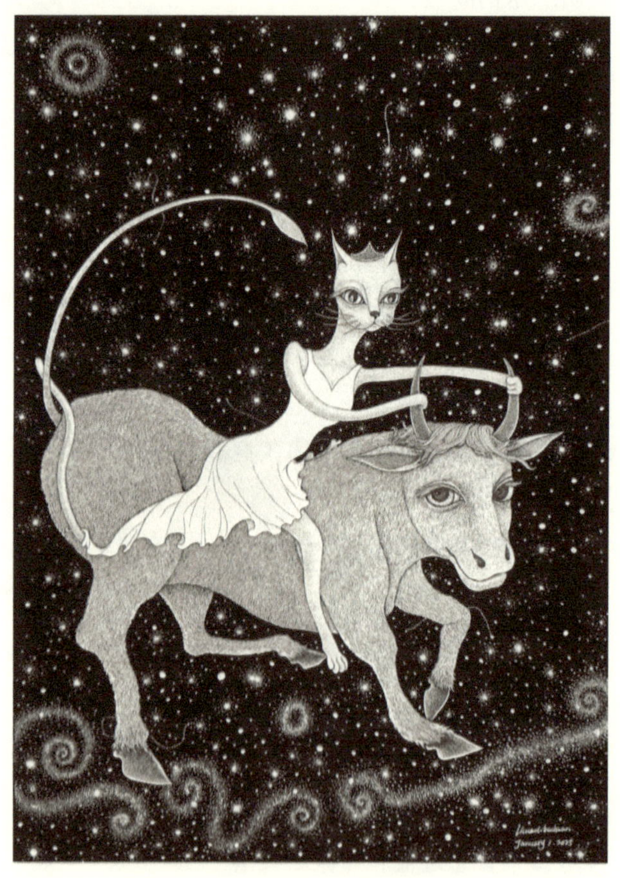

李川作品 金牛座猫

张耳（奥林比亚）

布拉格的卡夫卡

走进老城小街的迷宫
在语言够不到的地方
苦苦寻找秋风和秋风中凋零的
同路人。天网恢恢，落叶和落雨不是
象征，而是宇宙秩序的一种表象，蜘蛛
是，远方懵懂的新大陆也是

窗户里抛下来，这次不是政敌
从前的市长或议长，但仅仅一把茶壶
不也可以打碎一个头颅？波斯米亚
原始粗重的咆哮和拳头，雨点
冰雹，新城，老城，城根厚重，仅仅模样
变异，捷克语，德语，世界语

槐花语，卡夫卡有节奏的嗓音
跨过围墙，飘出窄小的布拉格朋友圈
弥漫。你能听见吧？从洪洞县
大槐树下远游至此的你。当年的书写
其实你也深卷其中，就像老子
深藏在卡夫卡心中。帽子作坊、纺织厂

百货店，旅游商机，他们要的与自己
心目中的理想模样，处处

不一样。那么只有蜕变，长出另外两对
肢足，在老城的内室
在天花板上，补天，结网
也许你并不是为了反抗，打碎

只是为了成全自己，成熟，成形——
结婚生子，织出最平常的家庭景致
旮旯里再摆一张书桌。可惜宇宙远程目的
竟在布拉格的那个瞬间懵懂地
绽现异端花样，结核，索命
留下这未完成的一行

半隐半现，层层蜕易至今

庄晓明（扬州）

沉思集选

1

每一首诗
都是生命的分裂
分裂的生命的哪一部分
却如此神秘

每一首诗
都是一种创世纪
使你感着早晨的呼吸
轮回的清新

5

我的一生
不断地与自己争辩
分裂着自己

一个喧闹的舞池
我寻找着那个
惟一的舞伴

6

偶尔
感到一缕清风
是天使来过了

我摇曳了一会儿
又悄悄回到
自己的宁静

　　　7

风
从不留下脚印
它无需返顾
所来之径

每阵风过
我都感到
被活塞推了一下
来到某处无名之地

　　　9

诗奔向终极时
不时跳过前方的石头
哲学奔向终极时
不时绕过前方的石头

而诗和哲学的合力
却推动我的惯性
向着一块石头的深处
穿越而去

　　　11

石头的教堂
流水的教堂
尘埃的教堂……

每一事物
都有一座教堂
属于一首诗

12

惟有时间
能够治愈悲伤
或者说
将悲伤沉到了水底

我坐在水边
水底的淤泥
时而泛起一串气泡
而感着一种无名的忧郁

13

现时的宇宙
是一座墓穴
还是一个摇篮
得看我的心境

这会儿
我的心境不错
立于晨光之中
宇宙是一滴闪烁的露水

14

如果生与死
是一种平衡
它们之间的平衡点

究竟在哪里

闭眼的一瞬
入土的一瞬
或就在我写下
这首诗的一瞬

17

天堂——
麦浪上
起伏的风声

诗
是麦浪
亦是风声

18

所有的入口处
我都放了一支签名笔
等待一个真实的名字

我等待戈多一般守着
直至把自己守成了
一根无名的木桩

19

虚无
并非空白
而是无法寻见终极的绝望

虚无中
仍有泉水溢出
却是来自终极的挤压

20

我的写作
不断地向虚无的深处
延伸着一道桥梁

而每一首诗
都有一种无以名之的惯性
牵引着虚无中的延伸

21

雨落在树叶上
与落在垃圾上
发着一样纯粹的声音

雨声的尽处
一扇封闭已久的窗户
悄然开启

22

诗
逸出栅栏之外的
自由的马群

而蹄声
在你我之间
回应

24

从诗出发
我像一个贪婪的征服者
不断跨越文体的边界

我想象着
一个无限的帝国
最终又雨声中沦陷

25

这一串脚印
是来自肉体的重量
还是精神的压力

重叠的脚印
徘徊的脚印
又该如何计入行程

26

活着
总有无法防备的东西
比如火山爆发
比如咬了舌头

帝王也不能
他们躲在深宫里
甚至不知一条幽暗的蛇
正悄悄将他们吞噬

27

人工之景
无论如何精致
也不能使我感动

而一片沙漠的边缘
我却想大哭
流出最后一滴泪水

28

诗写中
我不断地诞生又死去
留下一座座坟

又如投虚无之篮
得到了一些比分
但什么也未能填充

29

本无所期待
又似期待什么
在纸上画一个圈
想象一个深渊

一个黑衣人
内部的黑暗抬起头
做了个小丑的表情
却投出魔鬼的一瞥

30

废墟的天堂
天堂的废墟

我于其间穿越
寻着一条自己的曲折小径

31

虚无
并非黑洞的吞噬

虚无中
光可以更为灿烂地放射而出

大康（陕西安康）

对一个人的怀念

能得到一座坟
就不错了
你得用一块墓碑
压住他的遗体
他生前铁骨铮铮
指东打西
死后也不会闲着
你得用一块石头
压住他的身体

2026.2.2

提与按

学国画时
老师经常把提与按
挂在嘴边
奇怪的是
每当老师从讲台上
走到座位之间
遇到男生
他总是教他们
如何提
遇到女生
他总是手把手
教她们如何按

2026.1.9

陈金茂（纽约）

转身处（外二首）

转身处，一眼便瞥见街角
矗立前世的自己
石板路活泛出隔夜雨的　　清冽

每汪积水都收容半片天空
远行从来不需确认方向
我低头不语，像一块
被行走反复搬动的　　石头

当暗窗渐次吐出橙黄
身体里的驿站开始换马
忽然懂得命名是更久的跋涉

并不向外，而是一次次
折回自身的深处
为裂开的墙　　命名为"迟疑"
为空敞的门　　命名为"期待"

2026-1-7 晚 9：30

钉子的想法

如果天生就是一枚钉子
我不会拒绝
强劲而又带点鲁蛮的　　榔头

——当！一记闷响
火星在耳膜里炸开
木纹短暂地呻吟
倏忽间，便让我直抵坚硬的
核心

那一刻，身体失去退路
只剩下方向
铁与木彼此认领
我被迫　　也被需要

于是，在最深的嵌入处
我第一次明白：所谓站稳
并非自由
而是——
畅享契合时的快感

哪怕从此
要在幽暗的纹理中交付余生
也要在每一次颤动里
守住一声不响的
清醒

2026-2-6 下午 4:03 改定

失　控

差点失控。夜里的道路在风中
左右摇晃，像一件
被时间反复吹拂的旧衣裳
我张开翅膀，又不敢飞高
只能贴着黑暗
像一只纸鸢，顺着坡度　　滑行

看见了老家门前堆着的许多鞋子
有的沾着泥，有的塌陷
像是刚刚脱下，又像等了很久
我一双一双翻找
却始终找不到当年
那只散发着脚臭味的鞋子
它曾紧紧贴着我的脚
陪我走过最热的夏天
如今却不知
被谁穿走，或是悄悄丢弃

我想睡一会儿，身体忽然变得
很重。可我原来的那张床上
已经睡着我那早夭的弟弟
他侧着身子，像在为我让出一点位置
他的呼吸很轻，轻得
仿佛还没学会　　活着

我站在床边

不敢坐下，也不敢叫醒他
风从门缝里进来
道路在远处继续　　摇晃

2026-1-10 下午 4:48

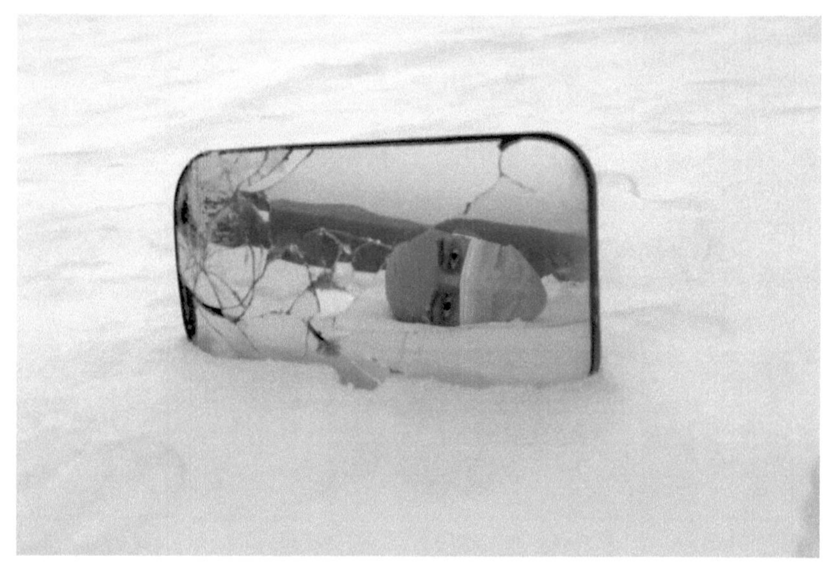

杨勇作品 "遗忘档案" 系列

寒山老藤（布鲁克林）

裸　露

某些历史　从未裸露
才混到了安息
其实　　也没几个人
见过裸露的我

我不是在想念盛夏
那毫无意义
世俗里　　一年四季
都不能裸露

感觉一直都生活在冬季
好到没有裸露的压力
套满别人的设计思想
内在　　空虚与否已不重要

2025 年 10 月 18 日 于纽约

世间需要一张羊皮

昨晚有雪
顺势　　我也做了个梦
梦见　　雪白的一片

孤翁不在　　没人垂钓涟漪
烽烟无影　　或许隐身
人间　　像被格式化过

从梦中醒来我就想
需要一张羊皮
作为重启的理由

思想者不修建自己的墓园
而是　　消失于
重启后的世间

2025 年 12 月 13 日 于纽约

母 亲

下雪了　　很多人滑倒
您曾说　　不能滑倒
又在　　没雪的日子滑倒

纽约已下过几场雪了
还好　我没滑倒
我还没　　找到您的方位

我看不见　　您的挥手
在白茫茫的视野里
很多人　　都迷失了方向

2026 年 1 月 25 日 于纽约

王凯丽（云南）

只是天黑了一下

只是片刻，我头顶的阳光已经消失不见
就像龃龉不断的事物
对嘈杂干脆利落地进行了切割
感观里，天色只是暗了一下。又一下
黑暗就彻底裹挟我们
那是种可悲的斡旋。我们深知其中的博弈

光把我们撑大，而黑暗让我们迅速回归狭小
回到一个人的时间，和不大的视野
明白自己的世界
既可大也可小。大小并不由人

天色暗下来时，时间在我四周迅速沉寂
我咀嚼了太多旧事，短暂的迷失感
像和自己，隔了一个世纪

唐杨雅致（西安）

交　流

很多时候我在想
如果一个人不能以自己为主体与人沟通
就无法碰撞出思想的火花

彼此都带着面具
换了一个又一个
你我有时都会分不清对方的本体到底在哪

很多影响力都建立在拉
这里的拉就是拉帮结派
可我更愿意以我为主体来和你交流

如果我想要跟你对话给予你力量
那我必须完成在痛苦中孤独
也必须完全拥有自己
除此以外　我并没有什么可以通向你的道路

每次我通向自己时
我就知道我在通向你
独居也许看起来是悲惨的
但独居可以使我去除和自身的结界

你所被带入的角色
你所被围困的棋局　都将全面坍塌

如果你能够揭开我的棋盘 燃烧我的棋局
你就可以看到我 我对我有着强烈的责任感
这必须享受孤独才能到达

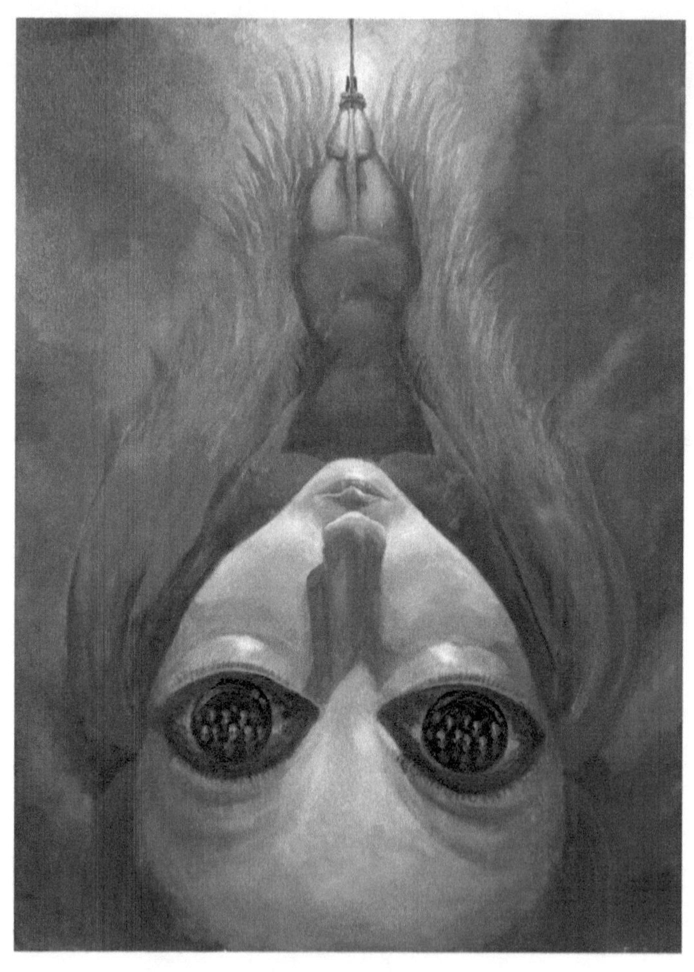

千千作品 画配万夏的诗《北京的冬天》

儿时的回忆

父亲在我非常小的时候
给我报过特别多的兴趣班
因为是独生女 父母对我寄予厚望
他想琢磨我到底对什么有天赋

书法班
他请了全省最顶尖的书法老师
比他的年纪要大得多了
我们总会在父亲的办公楼里写书法
父亲有完全封闭独立的办公室
在单位三楼 很厉害 他是领导

歌唱班
他跟母亲请了全省最顶尖的歌唱老师
试了我的嗓音 高音上不去
老师说我不是这块料

舞蹈班
还算顺利 但后来我的胳膊骨折了
医院接骨的时候 并没有彻底接好
胳膊的形体不完美了 最后也不能再跳

游泳班 素描班 国画班 乐器班

父亲找的老师
都是些自己的朋友 也都是全省最顶尖的老师

所以他们不会骗父亲 也对我更加严苛
没少吃苦 也没少挨揍 家常便饭
"严师才能出高徒"父亲总是这么说

我合适与否
我认真与否
我努力与否
我刻苦与否
从来逃不过他的眼睛

伤口的逻辑

每个人都有自己的伤口
形状不同 大小不一的伤口
但伤口就是伤口 只是伤口

不应因伤口的产生而变成施害者的模样
成为自己讨厌的样子 违背了初心 是在自毁

伤口从不是耻辱
施害者才该耻辱
践踏者才该耻辱

受害者有罪论是错的 不仅错还有毒
无视别人生命及感受
肆无忌惮 任意践踏别人才是罪孽 才是恶毒

因为自己被坏人伤害
所以颓废消极
认为自己不值得吗？
认为世界不值得吗？

不 不该如此
为什么要帮着坏人欺负自己？
这个逻辑不对

邱辛晔（纽约）

难　题

横幅是游行的眼睛
但眼睛的位置是有限的
眉毛　眼白　瞳孔　睫毛
于是
眼睛的长度
有了限度
而长度
限制了横幅后的人数

太多政要和主角了

也许横幅上的字增加一倍
就皆大欢喜了

问题是
得先
拓宽马路

养一条狗

皇后图书馆又一次撤离
这让我想起文革中的疏散
和警报里躲进防空洞

那时候躲的是原子弹
而今天一封电邮里的炸弹
投向了一本本书

我太太灵机一动：
既然图书馆做了替罪羊
何不再养一条狗
每天在楼里跑一跑
闻闻是否有炸弹
顺便也提升一下
文化素养

2026.2.25

动剪刀的理由

下一站是春天
到站前
我要爬上梯子

冬季还挂在
树枝上
树是赤裸的

但快了
树枝将披上
浓绿

那时候再修剪
刀口是泥土的份量
不，地球的重量

于是渺小的院子
就会失去
阳光

动剪刀需要理由
而天空
给出了那一个

2026.3.16

祁连山（上海）

我会捧着鲜花去见你

我会捧着鲜花去见你
在花谢的时节

2011.

镜

在这悲伤的时候
镜倒是样神奇的东西
因为两行的泪
能变四行

2012.

初　见

地球围着太阳公转一圈
叫做一年
自我出生以来
在地球围绕太阳
第二十三圈的时候
我见了你第一面
这一刻我觉得宇宙的存在
是有意义的
地球应该继续绕着太阳
轻柔地转圈
爱人啊
我的生命短暂
一生里充满了未知的危险
这窘迫的爱
只因你的出现
而变得漫长了一些

2020.

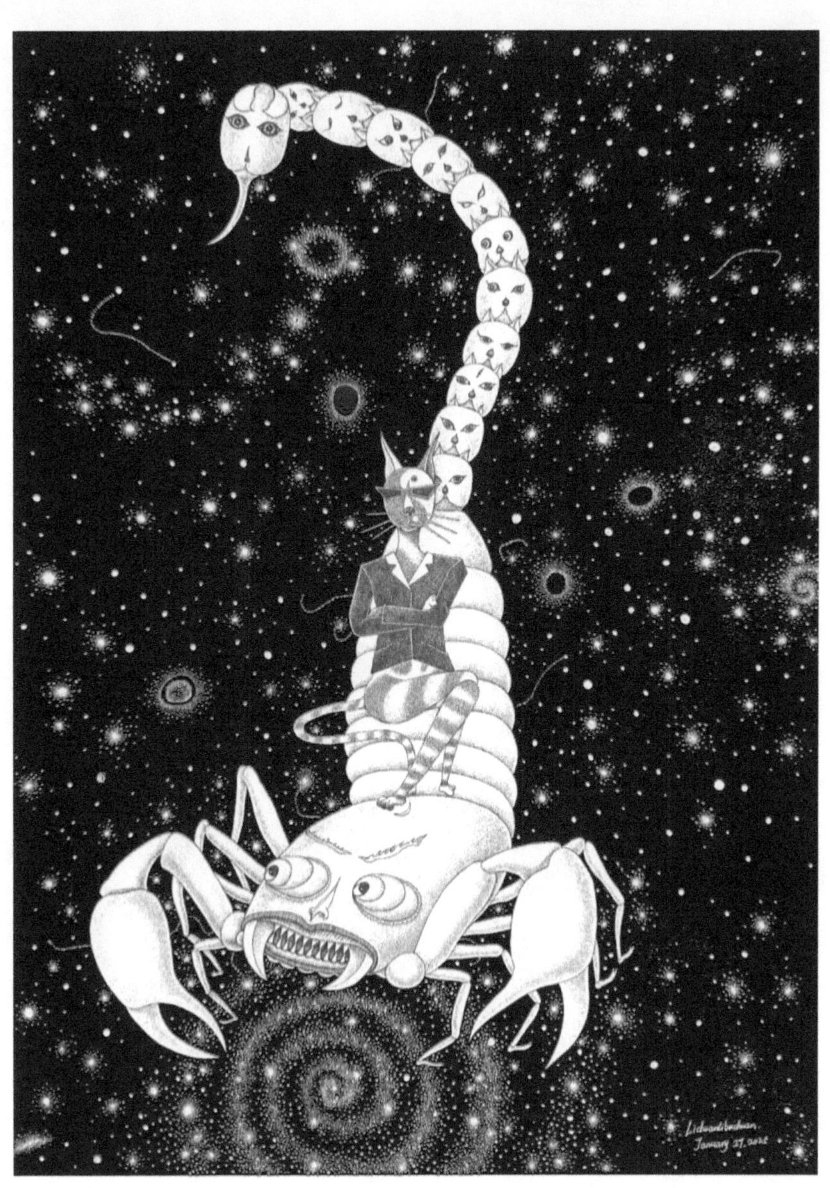

李川作品 天蟹座猫

祁国（上海）

没有什么属于我们
——致敬严力先生《还给我》

你要我的房子吗
拿去
加上厕所
如果你不要
那就请你放把火
把它烧掉
我不想再像一条老狗
躲在里面喘气

你要我的名字吗
拿去
加上我这可疑的性别
我早就是有无名字都一样
如果你不要
那就请你把我的名字
换成号码

你要我的命吗
拿去
加上我这可耻的年龄
如果你不要
那就请你把我的脑袋

拿去
我早已嫌这脑袋
难受
没有脑袋的身体
多么轻松

你要我的父母吗
拿去
加上我的妻子和情人
如果你不要
我也没有办法
因为他们
早就属于你了

还有
我那刚出生的女儿
我也从没抱过
一点点幻想
也请你
一起拿去

野战排

报告排长
前面发现一只马蜂

你把衣服脱了
吸引马蜂
掩护全排通过

报告排长
我要撒尿

撒到水壶里
自己喝下去
不能给敌军留下痕迹

报告排长
我的腿瘸了

立即自杀
不得拖累行军速度
也免得给敌军留下活口

报告排长
前面是万丈深渊

（这一节结尾不会写了
请各位补充
最好能凑足三行）

绝　望

这个人只有一只眼睛
他用这只眼睛盯着我

他不说话
他的脸上有一条刀疤

他没有耳朵
鼻孔里塞着印着血的纱布

他的嘴唇是灰色的
衣领上结满油垢

他就这样坐在我的对面
一直死死地盯着我

我换了一个座位
他跟着我换了个座位

他继续盯着我
并把手里的一副假牙弄得梆梆直响

陆渔（上海）

下午茶

我认得你
懒懒的下午三点的时针
偷偷溜进窗户的小片阳光
杯子里剩下的半杯红茶
被时间关掉的电子管收音机
外婆晒得香香的枕头和我的口水味道
一粒尘埃在光线里跳舞
慢慢越过餐桌上永远摆着的静物
白瓷长颈花瓶和一枝塑料玫瑰
舅舅的短裤排着小姨的白布胸罩随风摇曳

好些重要的事，反倒记不起来了
曾经死去活来的事情
拼搏，欲念，觊觎和发过的那些誓言
明明是不久前发生的事情
那么真实，却一点儿都不具体
且越来越模糊
甚至，完全记不起来了
我认得的，只剩下最容易忘掉的无关紧要的细节

未拆封的清晨

想不起，多久没有见到
早晨的太阳了
自我放逐后
就只与月亮相伴
和夜魔为友
无时无刻，自由自在
享受着日颠夜倒的独乐

把酒杯放回桌子
把雪茄燃至灰烬
把窗栏都靠遍
把豪情消磨到星光满天
趁着清晨尚未拆封
速速逃回与李师师约会的
那个勾栏

小国寡民

如果有来世
我希望投胎在一个小国
或者一个自由的城邦
没有严厉的国王
甚至没有国王
没有雄壮的军队
甚至没有军队
没有太大的抱负
只要能够自由地迁徙
缴一点轻税，做一些义工
最好还能写作自由
成为一个最快乐的游吟诗人

冰释之（上海）

时间的花朵

时间是一道挣脱了物质外衣的光
屈服于暴力来自混沌
如同我们的先祖
用树枝遮掩洞穴却不着褴褛

没有言语
痴迷于星辰的迷津
无谓生死也无视绚丽的意义
用无知和忘却解冻暗示

光芒更是用多余的财富打扮时间
流落风尘的往事同样熠熠生辉
每个戴着时间这顶草帽干活的奴工
幸福地遥望归期

他们紧握着时间的把柄
那是一种乘舟抵达对岸的形式
对岸并不意味着终点
因为渡船很旧艄公很老

但时间的水性
总是会把你带去力不从心的下游
这就是渡船要回来

艄公的儿子也会站在船头的原因

既然时间这般鬼魅
看光阴千里私奔到大海的模样
季节就像绳索上的驿站
系紧来时的泪水也松开去时的花朵

2023.12.26

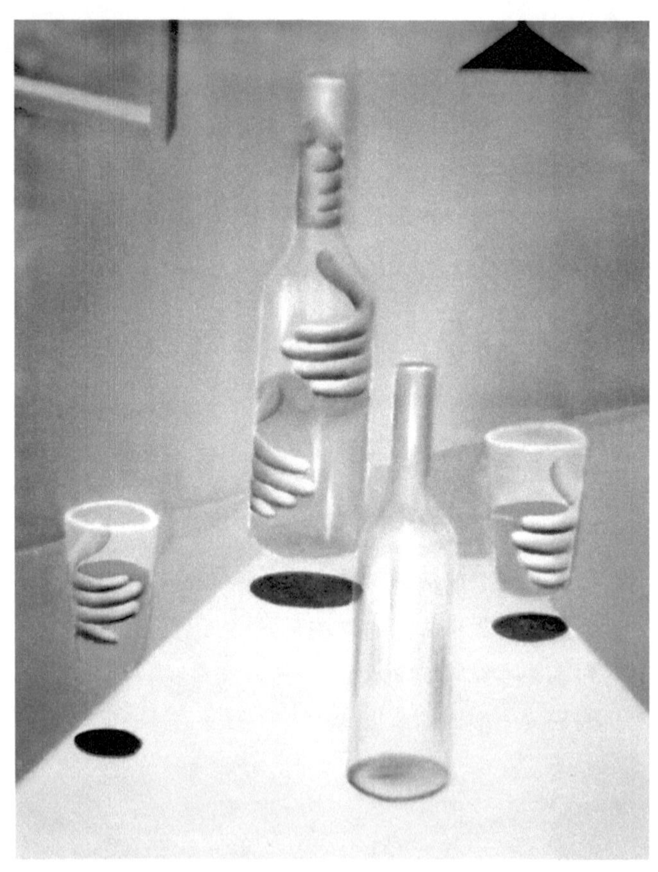

严力作品 酒逢知己千杯少，画布丙烯，60X74 CM. 2000 年

这上了年纪的幸福和愚蠢一模一样

每逢盛世天空会升起
灾情和饥民的镜子
照耀粮食和果腹的秘密
这是过去投下的影子
努力拼凑被饥饿忽略的细节

我睁开现实的那只眼是为了与理想告别
这个夏季的液体流淌仇恨
生计渐渐凝滞善良开始沸腾
出没街头的眼神里要么是坑要么是墙

每逢过年就想在路口收缴往事
不相信每一天
庸碌的日子都能长大成人
偶尔也关心水库
为什么每一座都是天灾的帮凶

我也曾年轻
喝下过那个年月最无聊的时光
为每次团结的大会鼓掌
这上了年纪的幸福和愚蠢一模一样

2024.7.7

只是在昏暗的咖啡馆里看了你一眼

退休以后端起酒杯就会想你
想那些远离我的事物
在慢慢地靠近你
而你完全没有防备
不知道淹没过我的大水也会淹没你

喝一口酒然后想象你醉倒的样子
和四处漂泊的痕迹
是不是每次骄傲都会鄙视你
而你隐形地彰显自己
那个渴望躲在阴影里出风头的你

再多喝一口
我会在黄昏的炊烟下拥有你
那一刻我顺着咖啡馆昏暗的余光
斜视了你一眼
那条路从身后绕到你眼前

我十岁时痛悔过的肠子突然泛起青光
你提前访问我窘迫的模样
窗外飘着江南犹豫不决的春雨
你拎着酒瓶给腼腆壮胆
雨中的脚印慢慢沉入你未来的心底

2026.1.5

程庸（上海）

不按时下山的太阳

我习惯于废墟的墙角
习惯于阴影之手的庇护
时而冥想，前世投胎成一只老鼠

恐惧那些力量无边的事物
以及照亮一切角落
不按时下山的太阳
进而迎面那些从不预告的风暴

我的遗传属于暝色系列
那些晦暗不明的质地
和尘埃的肌理，习惯于不被照明
有时我出没山岗的罅隙间
或蜷缩在树丛后
就像那些
干完农活苟且一下的人们

身体仅存微末的热量
还习惯于穿过针尖的纤细之光
时时闪烁，触碰前方
那不可知的玄夜

矮小的崇高

这样的一座山
在被作为景观之前，其涂脂抹粉的
得意状
不会被看客深入到解剖的里层

人们通常只欣赏其好看
被花红柳绿的植物群落看呆
它的姻缘，它的萧瑟之状
不在于烂漫从哪个视角绽放

年轻时总期待快速到达
攀爬过程中的
仰望，被自我感受到的崇高
而气喘吁吁抵达了山顶
又发现它的无聊与矮小

石子在脚下接受摩擦

从小道上走来，一只蝴蝶
与一棵枯树煽情
这样好奇的景观
难得进入长久旅途的眼帘
日常的云，爬过了山顶
鸟叫因麻木而被耳朵习惯
在平素往返的方向
划出单一飞翔的线条

这长途的跨越行走，别无选择
依赖着电缆
如大地的神经末梢
传递同类又凋零的信息
即使槐树长满斑纹
一边的山头黄了，另一边又绿
只是季节循环的寂寥
不必多此一举，试图针刺
相关的穴位

而石子总是在脚下，接受摩擦
自愿巡回往复
等待新一轮的沉沦与洞悉
顺应岁月的走势，或许能点穴
内在的自性

郁郁（上海）

笨嘴笨舌的他说我说

一长串书单，宛若满汉全席

他说，这是读万卷书呵

我说，你已行了万里路

他说，走不完的路，读不完的书

我说，你的状态可以写诗了

他嗫嗫地说，是吗

我说，要跟假酒盗版 PK

他边哈哈，边说，比不过人家哎

我反对，小作文荤段子算什么

你的放下才是立身之本

他别过身子，你过奖了

我已是风烛残年了

还说，惭愧、白活一生、枉度

我戏谑道，

下一部诗集干脆就叫：惭愧、虚度

又再说，你既不自恋也不自嗨

且把自嘲作为以守为攻的盾牌

末了他又说，太碎了

我直言，心声皆如此

看吧，体制内芸芸众生的跪舔

如果圈养豢养是这样炼成的

那就高声朗读吧——

"我们都会像你一样死

却不能像你一样活"*

*我们都会像你一样死/却不能像你一样活——诗人木郎纪念孟浪诗句。

2024.10.26 上海苏河

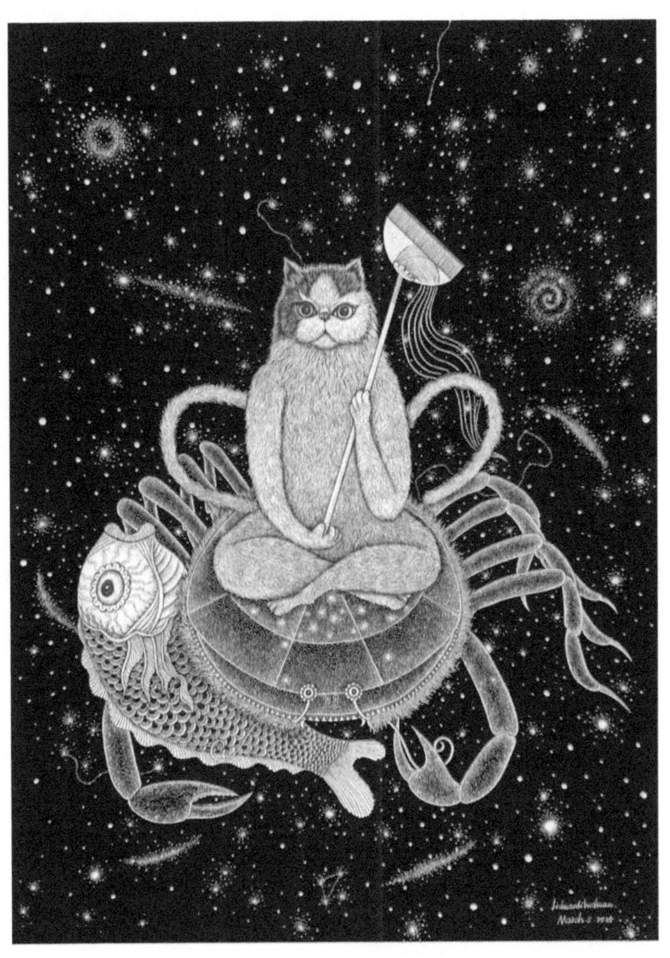

李川作品 巨蟹座猫

临行以后的诗篇

登机前，再尝一口"光明"牌冰淇淋
从此，这个城市的哥哥姐姐
就是亲人就是终生不忘的铭记

意大利的华人没啥文化
不是温州商人就是孔子学院
所以跑来中国学习"那当然"

世界已鲜有阿桑奇斯诺登
罗宾汉唐·吉诃德也无人感兴趣
政客们个个都是路易十五

悲观是灾后无边的景象
没过头顶涌袭心坎
人人都在喘息中的苟活

怎么甘心咽下这口气
经年流淌的台伯河黄浦江
就是血脉相连无需翻译的诗篇

人类降临于世文字诞生以后
野史与正史打得头破血流
而我更愿意相信渺小的个人史

2025.8.3 上海苏河

情系罗马心向地中海

好多年前，我从乌漆墨黑的上海

飞往心向往之的罗马

漫长的航程，简而言之

也就是从午夜到傍晚

依稀可见的城廓

像是一盘国际象棋

呈现在记忆与印象的门口

仪式在心里排列成行

MSC 麾下的辉煌号

停泊在蓝色的地中海边

等候我的登船启航

不急，且慢

我得先去观摩国中之国梵蒂冈

那无与伦比的圣伯多禄大教堂

即使下巴被惊叹得掉下

也在所不惜，此乃不虚此行也

人群像朝圣的信徒

在圣伯多禄广场蜿蜒等待

意大利处处是瑰宝

教堂艺术堪比天梯

人的尽头神的开始

东方想涅槃西方要救赎

人类头头转了一年又一年

起航吧，地中海文化说来话长

先去马赛，听听高卢雄鸡怎么说
法兰西五次共和国下来
已有二百二十余年
戴高乐奉行特立独行
马克隆总还差点火候
那就再去巴塞罗那
看看皇马英勇的战绩
和安东尼奥·高迪设计
在建的神圣家族大教堂
西班牙的辉煌与没落
始于无敌舰队败于佛朗哥统治
如今且与葡萄牙称兄道弟

最后驶往突尼斯
所谓阿拉伯之春的起点
刚刚结束了颜色革命
商贩布瓦吉吉的死
换来本·阿里出逃沙特
和茉莉花香引来海外游客
阿拉伯人的狡猾和橄榄油一样
滑得我捧着一堆劣质工艺品
却抓不住奸商刁民的把柄
想想伟大的古罗马
也只留下一些残垣断壁
以及邪恶奢靡尼禄最后的死
一切皆在地中海的潮涌中
或浪尖或海底或粉粹或鱼腹

返航，辉煌号拖着疲惫的身躯

像一条分娩中的鲸鱼
我从输光筹码的卡西诺出来
甲板上的风东倒西歪像个醉汉
你别想让它做个正派人
月光下船舷旁的海水
绸得像浆黑得像墨，除了宗教
世上最神奇的就是大自然
谁说条条道路通罗马
谁说光鲜亮丽大上海
我想说旅行和人生的尽头
应是走进波涛汹涌的内心
更要走进浮想连翩的脑海
关键，灵魂的翅膀
是拍打肉胎还是天边的云

2025.8.8 上海苏河

Anna 惠子（上海）

父亲的手

一天你撕旧衣布缠手
凑近细看—那裂痕如新垦田垄
血迹蜿蜒成沟渠
尚幼的我还不会表达感情
但心里狂风抽树枝般喊不出的痛

你总是在天未亮出门
用锄头镰刀敲响泥土浊音
天黑的路上
你的身影挑着一家人生计
除夕的傍晚
我总是早早站在路口
盼你早点收工

唯有一年你未让我在寒风中等待
可你凝视孩子们狼吞虎咽
筷子始终未动
母亲夹起一块鸡肉放入你碗中
你摆手，说"胃不舒服"，
可你将温情藏进皱纹
那些堆积的记忆
照亮我前路的镜子

我默默做事，任风雨割裂肌肤

无论受到怎样伤害

从未停下脚步

因我是你的女儿

血脉里刻着你的倔强

2025.6.15

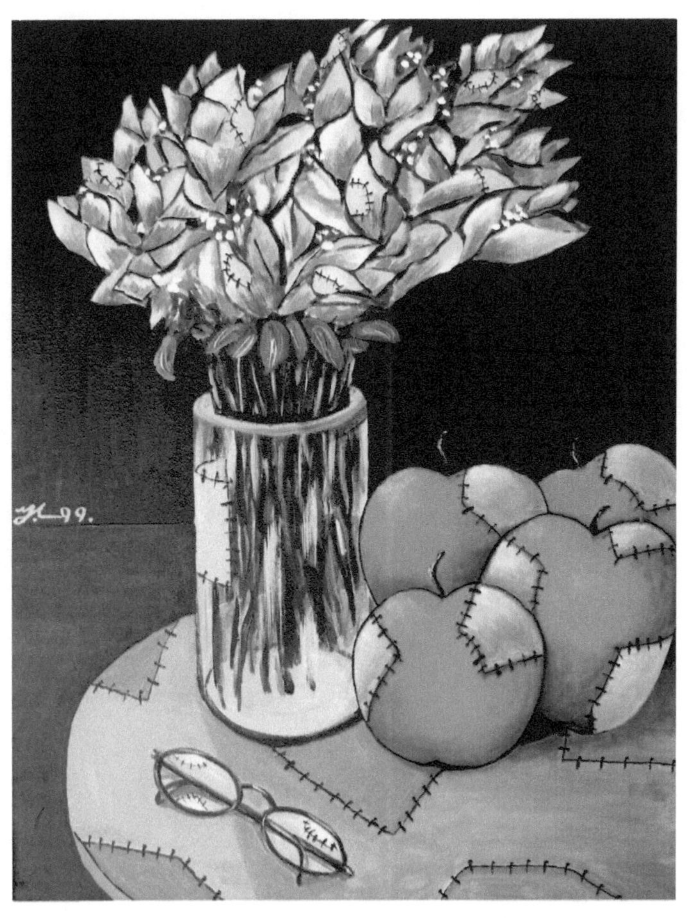

严力作品 修补的美学，画布丙烯 60X72 CM.2000 年

遇见自己

一扇未知大门
你被引进去
来到黑夜尚未到达地方
在那里遇见自己

你沿陡峭山路向前
没有鲜花，也不能通向彼岸
用荆棘丝线
编织自己创造的语言

2025.

潮水（中国）

你　说

看一部电影
面对色艳情节
你说你的下体
会有感觉
然后你告诉自己
这是艺术
然后你明白
阴茎是
对艺术的亵渎

我有很多次
不敢提到这个词
我有很多次
不敢透过阴茎
幻想生命

我幻想一个男孩
盖上被子
勇敢地面对
自己的阴茎
然后男孩
看见了一片森林

王小拧（上海）

两颗橘子

分别那天
岛上大风，浪头凶猛
离岛的快艇还未到
我瞥见远处的橘子树
挂满了果子
我走上坡，又爬上
一处高台
摘了其中五颗饱满的橘子
两颗 递到你手里
三颗带回了上海
几个月后
你去了美国
我一直很想问你
那两颗橘子的下落

表演欲

路遇一个妈妈和她
跛脚的儿子
我们慢慢在他们后面
跟随了一段

后来
十三问我，
"你当时是不是特别想学他走路？
但是
你忍住了。"

雅各（安徽）

他们是怎么爱上猫的

有人天生爱猫
有人不是
他们最早一点也不喜欢
阿猫阿狗
这样的小东西
他们鄙视那些爱猫的人
他们爱的
是比猫
大得多的东西
他们是随着时间的流逝
一点一点地
爱上猫的
他们爱得很慢
他们的心中有一堵墙
在抵抗着
猫的逾越
但柔软的猫还是撼动
并催毁了
那堵坚实的墙
柔软的猫还是一步一步
踱进了他们的内心
他们就是这样
慢性中毒般的

爱上猫的
爱上了就
爱得无可救药
甚至甚于爱自己的生命

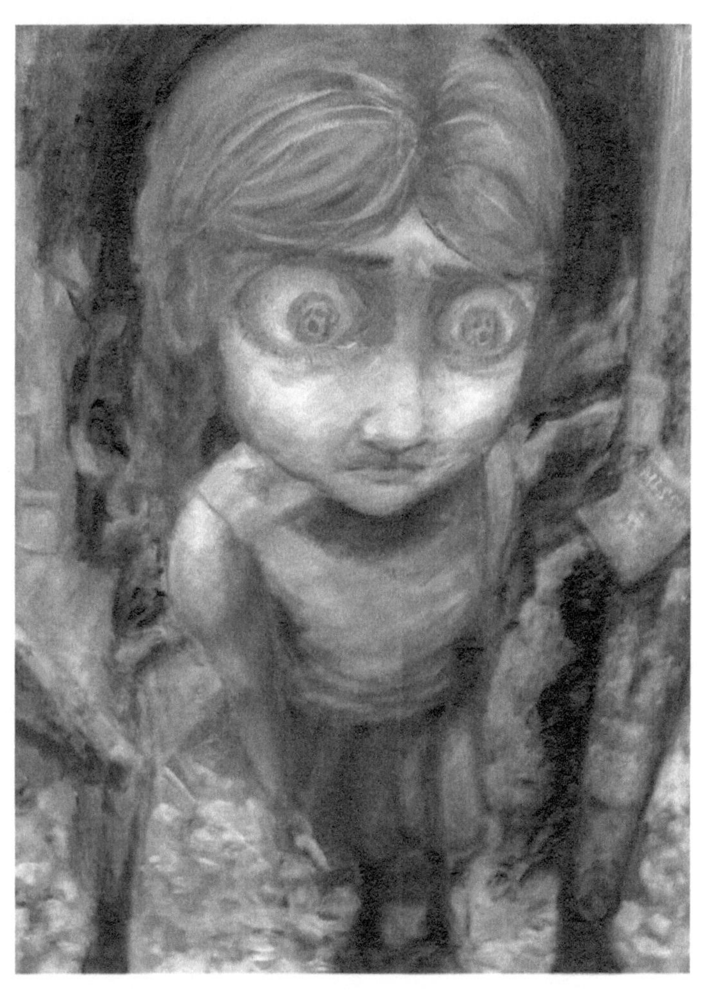

千千作品　嘴唇喝热吻在镜子的两边（之二）

中国诗

庞德
罗伯特·勃莱
詹姆斯·赖特
帕斯
等等一众西方诗人无不倾慕于
中国古代的那些诗人
他们痛苦于自己的
过度理性：说得太多
而说出的又过少
他们希望练就这东方的手艺：用感性
表达理性
用逃避进行出击，用一
表达无限
在扎加耶夫斯基的眼中
中国诗人也是哲人：一只
屋檐下的猫，慵懒
而敏捷，微闭着那双眼
小，像宇宙

心中的猫

嵇康知道
自己可以不死
只要自己走出竹林
不再打铁
只是做做官
只是写写官样文章
就可以像山涛那样
很好地
活下去
但他心中的猫不允
他心中的猫逼着要他
用一把琴
发出它的绝叫
让天下的猫都听到

海默（北京）

十行以内诗 10 首

1. 三个梵高

一个艺术家
一个性饥渴者
一个抑郁症病人
三个人
在梵高的身体里
死缠乱打
一次又一次
碰翻了调色盘
诞生了一幅又一幅
色彩斑斓的画

2. 草原

草原
是一首诗
冒然闯入的我
是这首诗中
唯一的
错别字

3. 战争与和平

我看见
一朵玫瑰
被子弹击穿后
在空中
再次盛开

4. 国家的子宫

中国故宫
美国白宫
英国白金汉宫
法国凡尔赛宫
俄罗斯克里姆林宫
都是国家的子宫
不同的子宫
诞生不同的族民

5. 大海

后浪
推前浪
上帝
在翻书

6. 父亲的背影

父亲的背影
越走越远
最后成了一块
再也走不动了的
碑

7. 母亲的爱情

汉江
汇入长江后
便隐姓埋名
以长江的名义
奔向远方
这与我的母亲
嫁给父亲后
多么相像

8. 动物大会

上帝对动物们说——
我把时光倒流五百万年
把蓝天白云还给你们
把一个没有污染的地球
还给你们
动物们鼓掌狂呼
上帝意犹未尽地说——
你们还有什么要求
动物们异口同声——
请把猴子灭掉

9. 人生就是一场连阴雨

我们都在雨中
我们看不见
彼此的泪水

10. 傻逼的逻辑

酒桌上
有个傻逼说——
只要乌克兰不反抗
俄乌战争就结束了
什么事儿都没有了
我心说——
如果有人
当你面强奸你老婆
只要你和你老婆不反抗
什么事儿都没有了

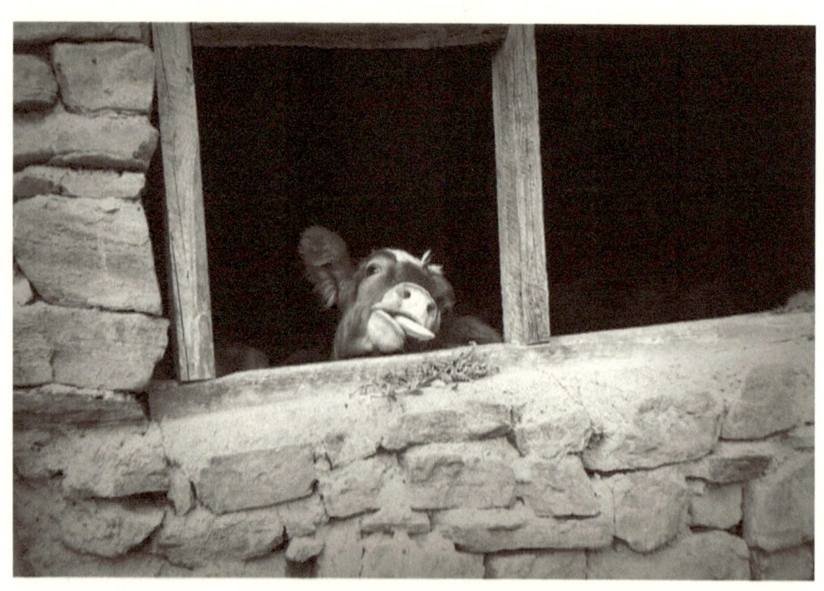

杨勇作品 "遗忘档案" 系列

宁小仙（陕西）

年

那个场景真实到让我以为
墙外星星点点的婆婆纳
是一群人的欢呼

我飞得小心。裙摆擦着水面
我十指紧握不似一个神仙
任由一个叫年的人
隔着薄薄一个镜面，对我肆意打量

当我终于被梦里的好运惊醒
鞭炮和烟火炸亮了整面窗户

电视机里影像还在
鱼缸里几只锦鲤，游得国泰民安

知更鸟

雪落下来了。一只鸟
站在最高的银杏枝头，啾啾鸣叫

在掉光了叶子的高大树木之间
车来车往的马路边缘
我有幸看到这样一只落单的鸟类
一只，枯叶一样的鸟类

一定有不为人知的细节
隐藏在它细碎、婉转的叫声里
一定有。需要被季节迁徙的光芒
需要被触摸的心意
还有一到春天，可以媲美整个人类的
美妙爱情

朝　朝

一只麻雀先于我醒来
是早上六点。晨光还没有照亮整扇窗户
纱窗的褶皱里，夜晚比白天
还要浓烈一些

我再度回忆昨晚梦里的事件
和往常一样平静，和往常一样清醒

春天越来越明显
水流已经漫过河滩
我无所畏惧，不再为自己是小人物不安
也不再为一天如何开始而忧心

严　力（纽约）

看见的声音

推出去的门
已在你身后关上
前面的还没有门框
荒野在门和没门之间

如果你是圈养的兔子
也无论你谈不谈政治
就一定会是
被狼看见的声音

2024.10.

后人所为

逃出室内
以为就能攀上枝头
无奈此物种
史前就被卸掉了翅膀
你的失眠
其实不分室内外
烈日不适合体会温情
寒冷则必须缩紧睡姿
已逝的人们
证实了不会改变的坡度

你或者有过各种弥留状态
但那些也都归结为人性之冷
没有一种汗水可以突围

时辰继续飞逝
前浪必然跌成泡沫
而把晚霞与你埋了的结局
必定是后人所为

2025.2.

筷 子

我是一双筷子
饥荒年代经历过
以舔食自己来解决温饱
繁荣时期以各家美食
弥补过舌尖上的缺憾
如今则品出了
控制七分饱的养身之道

这双筷子还能使用多少年
并不重要
只是在面对盘中滋滋作响的
整块牛排时
能否说服刀叉与我分享食物

我当然是一双知趣的筷子
昨天由汉语请客的午餐会上
那根名叫我的筷子
夸张地打了一个饱嗝
另一根名叫自己的
立马狠狠地瞪了其一眼

2025.3.

存 在

一声雷
击中了树
幸免于难的鸟窝
在余下的半棵上
继续哺育着未来

经常改道的江河
两边麦浪继续起伏
前方海啸依旧翻滚

事物忙于互相对齐
余下的攀比残缺
而每一种扭曲
都在尽力完成自己的长度

2025.6.

徐敬亚（深圳）

这不是诗，这是血和铁

今日之世界
正如一幅星图的展示

北极光的风暴丝丝骤起 ……
红色星球正上演地吞月，悬而未决

世上没有百分百的好
也没有不沾一丝血腥之善

久瘀的暗伤，与其隐隐作痛
不如水落不如石出

轰炸吧，轰隆而炸吧
让各种引信各种不自由嗞滋作响

一场场修正定会带来种种不安
但内心的绝望正呈现新的可能

雨文周（纽约）

暴风雪来临之前

夜黑之后，有暴风雪

我在清点冰箱里的存余
一打鸡蛋，半盒牛奶
鱼肉尚可，足以撑过这几天
绿叶菜所剩不多
我需要几只西红柿，两棵西芹
一大袋菠菜和三棵芥兰

而此刻的窗外，风停着云停着
阳光懒散，从一面墙晃到另一面
令人怀疑这即将到来的
是不是又一场数据上的误解

而麻雀尔不理会悬在空气中的问号
回旋飞转，在草地与窝巢之间
不停地啄食和挪运
松鼠刨地三寸，留下的碎屑

夜黑之前，我要将冰箱
填满。然后开瓶，熄灯
点上烛火，将唱针走在拉赫的钢协 2
等，如约而至的暴风雪

慢慢爬上窗棂，爬入黑沉沉的
黑夜。等幼雏啼叫时

大地，一场深刻的留白

01/24/2026 写于第一场暴风雪前

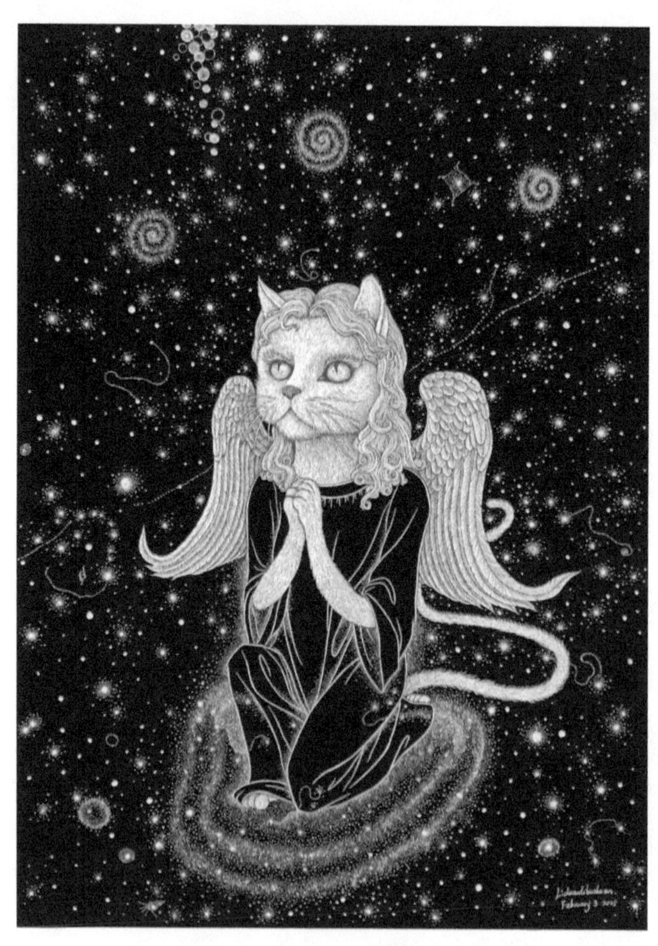

李川作品 处女座猫

李不嫁（长沙）

被打断的梦境

我坐在小河边哭泣
背靠儿时的村庄。我悲叹时光飞逝
流水不返：逝去的妹妹，年轻的脸蛋
在水面跳荡

我在午睡中哭出声来，被女人摇醒
我感到懊恼、沮丧，一个人蜷缩在沙发上
像被抛弃的孩子

——我奶奶正递过毛巾，要为我擦拭眼泪
我爷爷正拿来外套，担心我着凉
流水潺潺，他们不见我已多年，我不见他们也已多年

2026.02.02

洪彬（伦敦）

自由的考古学

在石头还没被切削成墙壁之前，
在名字还没被刻进户籍之前，
人可能只需抬头，
就能拥有一整片天空。

如今我们讨论自由，
在会议厅里举手表决，
在宪章里加上脚注，
好像它是某种财产，
可以分配，也可以收回。

但自由可能早已经过期，
像一种失落的语言，
还停留在化石的气息里，
藏在洞穴壁画的空白处。

我羡慕那个无人命名的黎明：
河流不要求证明，
森林不颁布命令，
而呼吸本身
就是一种允许。

吴　撇

我几乎忘了桃花

此刻，我在山下
举起一朵云
瀑布为大风松土
崎岖路好似一根花枝
我是无数花蕾，像泪滴

沿着山坡，还是去年的山羊
仍旧埋头吃草，真谦卑啊
生而为人，我很惭愧
新的春天抱紧我
天是地的风筝，地是天的风筝
你要牵太阳的哪根线

我会纵容一条河浪费浪花
鱼耕耘水，彼岸茂盛
孩子们站在岸边，朗读舟船
雨停了，谁的内心还在打伞

桃花，我几乎忘了
这些树上的星星
这些树上的星星啊
先在一首诗的夜里掌灯
然后朝我大声呼喊
开得语无伦次

去李堡幼儿园，做个小孩吧

想想很惭愧，这些年很辛苦地养自己
花没开好，叶子也不够茂密，皱纹像荒草
心肠却渐渐被养得坚硬起来

——比不上李堡幼儿园这些明亮的孩子
他们养蚕，养池水，养白云
养日光、月光，养世间一切柔软的事物

他们向客人问好的声音，也软软的
他们的眼里养着春天，或者说
他们每个人都是独特的一个春天

我们有幸亲眼看到他们把黄豆泡软
柔柔地转动小磨盘，纯洁的豆浆
像是从心涧流淌下来似的

孩子们请我们饮用，连忙接过
怎敢错过这心灵的洗礼，我们在俗世
被碰撞出的棱角，需要柔软，来反复冲刷

白 哉

技 艺

说到爱的部分，就住嘴
星期天切好面包。呆在三明治里
看一片生菜瘫软。仅有青绿
在瀑布尾端。我准备好清晨的一切
等你醒来，鸡蛋、咖啡
维生素，这会让你更健康一些
尽管初遇的车厢里
你的皮肤已经发过光。我在座位上
畏手畏脚
不敢递出那封写好的信
而现在不需要了。你像光源
那样抱住我
在卧室赠我无数个太阳
我想有些光，是未知的。他们
像未来的事物
从晚年出发，牵引着我
而回忆是慢性病，炎症不足致命
却如沙漠般泄力
以至于现在的我，有些模糊不清
靠近你就像三岛由纪夫
终于登上金阁寺
一些童年过于破碎
导致此生都在修修补补
你告诉我大海，曾因为一本书

调转方向，把尽头
送到你手里
这让我连夜拆掉骨头，供你阅读
直到血肉撑不住
大海停在水杯
失去力量，成为一层新的天空
我忽然，从你的背影里转身
明白了什么才是
颠倒梦想
首尔离开你就黑了，回到纸地图
病房因为没有别的人看到
永远活在了
不真实里
只有头顶的血袋子。带着细长的输液管
把时间一点一滴
送回心脏
混杂钟声的心跳，那么慢
一个人再也听不下去
径自走下烛火
给秒针和影子，递去一对假肢

梁小曼

献给巴维尔·弗里德曼的歌谣

隐身于集中营夜晚一座黑房子
井然有序地吞食蝴蝶。黑雨
洒下，翅膀发出尖锐的呐喊

（旁白）开往特莱津的专列
　　　　沉默如六角星冬天
　　　　缪斯分裂的暮色间
　　　　多了张犹太人的脸

1944，巴维尔身后黑房子关闭
他已被寄出被一首诗寄出
像亡灵铺好回归的路，看！
阳光下，那双翅膀正闪闪发亮

（旁白）大声读吧，释放它们
　　　　六十年——让它们从
　　　　乱葬岗归来，让时间
　　　　消失，消失于唇齿

坦克、废墟和断肢的布娃娃
耶路撒冷土地不再流奶和蜜
归来的巴维尔，换了护照

（煞尾）那一只蝴蝶
　　　　最后那一只
它飞走……飞向
更加庞大的黑房子
　　　它的名字叫以色列

2010.5.16.

巴维尔·弗里德曼（Pavel Friedmann），犹太青年，1921 年生于布拉格，1941 年被关押于特莱津集中营，在其中写下过广为流传的诗歌《蝴蝶》，1944 年被毒死于奥斯维辛集中营。

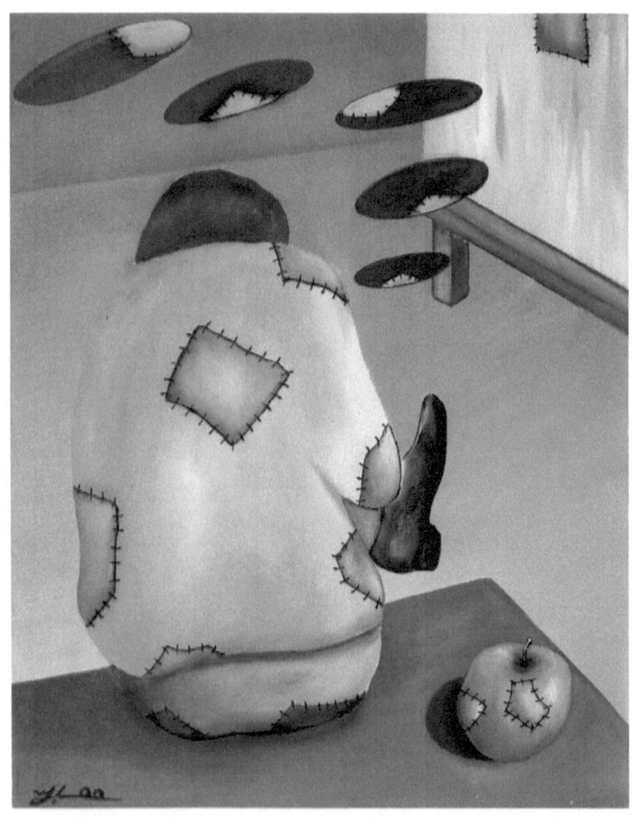

严力作品 沉重的思考，丙烯画布，60X72 CM.2000 年

侯舒啸

格子里的人

我住在一个长方形的格子里
这是小镇上众多格子的一个
它们有一样的门窗，一样的灰白墙壁
门前，有一样的
果实跟鸟粪似的香樟树
常常坐着无所事事的女人
为了区别于众人的蔚蓝
我网购了一块深绿的门牌
每次外出回来，分辨着自家门口的标记
都像是要把自己重新放进格子
仿佛看见我们的人生，早被
一双看不见的手码得整整齐齐
我们有方方正正脸庞
方方正正的性格，方方正正的爱
我们活着，如堆砌。有时
我竟隐隐地期待，哪一天
我们乘坐的格子像一艘艘舰船
在海面上自由飘荡

黄宏宇

淮　河

我想写一写淮河，比如
理水、观塔、斩龙、开山、夜渡、坐化、赴死的男人，
还有
抱禾、生炊、箪食、濯足、窥荷、种豆、待字的女人。

民国三十三年春，梨花尚小，
祖姥姥背着一袋发黄的梨膏糖渡淮。
祖国前途未卜，
比起历史上的伟人，她更加仓皇无措。
为撑船人唱了一首《摘石榴》
——那是流传于蚌埠乡下的民歌小调，
就算抵了船钱。

从怀远到凤台，再到瓦埠湖边一个小村落，
她把北方的血脉生下来。
在我的家族史上，祖姥姥靠一己之力，
让淮河往南改道了两百华里。

祥 子

国清寺

我来时，隋梅今年已经开过
一身清瘦的骨架
用了一千四百年
方才入定
风来时不动，雨来时不惊

香火袅袅，斑驳的墙壁
门窗上斑驳的油漆
一块，一块
是老和尚脸上的斑

青苔爬上石碑
"一行到此水西流"
字迹已经流出了缺口
有风路过，拨开树枝
让出一条路
隋塔的身影挤了进来

下午四点，扫地僧提着竹帚
斜阳落在砖缝里
落在台阶上
和我们之间，隔着唐宋元明清
数个朝代的黄昏

2026.02.28

鲁侠客

春 词

零点钟声敲响前我几近昏昏欲睡
钟声敲响后
我将脱下一副沉重的面具
立春第一缕阳光为我植皮换肤
我将对着晨光深呼吸
一声声响亮的鸽哨被我视作吐故纳新
被一只蜜蜂视作沾花采蜜的哨音
我心甘情愿做一只千疮百孔的蜂巢
用疼痛酿蜜
用琼浆玉液滋养喑哑生锈的喉咙

盛醉墨

年 味

制造年味的人都老了
都死了。躬身厨房的背影
成了记忆，连同
儿时盼着念着的食物。

砧板边粘着外婆的我
眼睛直勾勾盯着白切肉
盯着发黄的鸡爪，吃过
砧板上的肉，嘴巴不会馋了
一边说着一边切下一块。

想着想着就老了，想着
想着就冷了。冰一样
冷漠的年岁啊，品过了
岁月相赠的百味
该忘掉的都忘掉吧。

人间的烟火啊，原本的
模样是什么，每个人的
诠释都不一样。也许年的味道
是那个最爱我们的人，她的味道

2026.2.12

丘 丘

明天的垃圾

大年初一
这一天的风俗
不扫地
不扔垃圾

流浪的人
流浪的狗
流浪的猫
在迫切地等待
明天的垃圾

温大侠

树在山岩上长着

山谷的高处
看到山岩边上生长的树
惊讶赞绝
它有什么信念偏要长这里
大风随时可把它刮下去
暗示什么呢
想到绝处真能逢生
从幼苗长成树
遭雷电风雨摧残
和不知晓的生死
奇迹般留下来
活成大山里独有的风景
何止惊心动魄

子 萱

初 三

现在他们已去求签路上
都说清风寺的签灵验无比
我没敢去抽
怕好的付之东流
怕不好的一语成谶
怕那惊心动魄的巴巴等待
怕那提心吊胆的惴惴到来
权衡之下
我更喜欢毫不犹豫伸出手
接住命运的盲盒
给未知的日子一颗颗
不同颜色的巧克力

2026.02.19

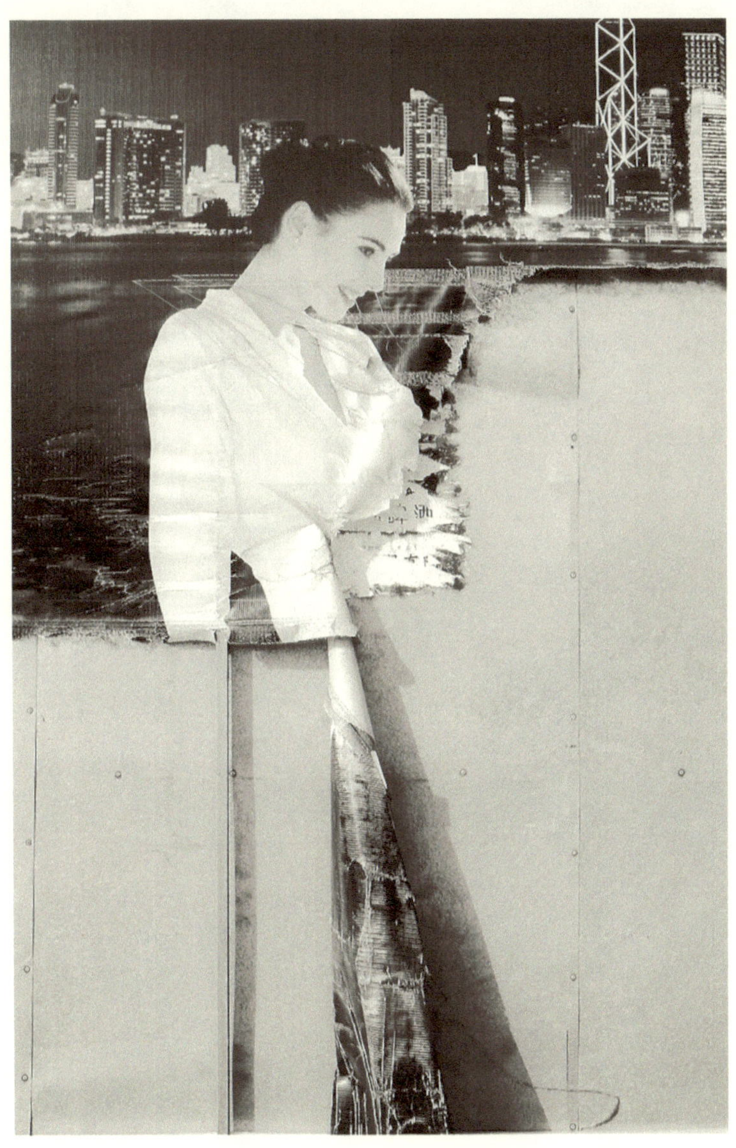

杨勇作品 "遗忘档案" 系列

寒 冬

作者：保罗·策兰　翻译：岩子（德国）

下雪了，妈妈，在乌克兰：
救世主头顶的荆冠数也数不清的苦糁。
我的泪水抵达不了你，未有一颗。
昔日的挥别空自一个傲影默默⋯⋯

我们已然死去：可你为何不眠，棚屋？
而这风，亦如仓皇的被驱逐者⋯⋯
是他们么，在炉渣里发冷着的——
那些个心旌，那些个臂烛？

黑暗中的我依然如故：
救赎温柔或锋芒毕露？
我的星空但闻竖琴锵鸣，
弦弦根根嘶扯如风⋯⋯

间或有玫瑰时刻悬在琴上。
正阑珊。一刻。总有一刻⋯⋯
若何，妈妈：成长或创伤——
我也同乌克兰的风雪一道沉没？

Winter

Paul Celan

Es fällt nun, Mutter, Schnee in der Ukraine:
des Heilands Kranz aus tausend Körnchen Kummer.
Von meinen Tränen hier erreicht dich keine.
Von frühern Winken nur ein stolzer stummer ...

Wir sterben schon: was schläfst du nicht, Baracke?
Auch dieser Wind geht um wie ein Verscheuchter ...
Sind sie es denn, die frieren in der Schlacke –
die Herzen Fahnen und die Arme Leuchter?

Ich blieb derselbe in den Finsternissen:
erlöst das Linde und entblößt das Scharfe?
Von meinen Sternen nur wehn noch zerrissen
die Saiten einer überlauten Harfe ...

Dran hängt zuweilen eine Rosenstunde.
Verlöschend. Eine. Immer eine ...
Was wär es, Mutter: Wachstum oder Wunde –
versänk auch ich im Schneewehn der Ukraine?

译者说诗

《寒冬》很冷，冷得切骨。《寒冬》很痛，痛得你不敢直视。

悲愤交加的诗人凝望着母亲的身影，对她低声说道：妈妈，在切尔诺维茨——我们的家乡——下雪了。

然而，母亲不响，"空自一个傲影默默"。呼唤与泪水，皆未能越过那道生死之门，抵达母亲。哪怕一颗也好——Nein，"未有一颗"！

雪，扑天盖地，却覆掩不了人类的罪恶。瞧，那"救世主头顶的荆冠"，落满了"数也数不清的苦糁"。

"荆冠"乃耶稣受难时，罗马士兵为羞辱这位"犹太人之王"而戴在他头上的冠冕，后来成为苦难与救赎的象征；而那"数不清的苦糁"，则意指被残害、被夺去的、无可计数的犹太生命，诗人的父亲与母亲。

母亲正是在这样一个寒冬遇害的。

"我们已然死去"。在接下来的一节中，诗人将宗教象征与犹太民族所遭受的迫害及大屠杀交织在一起，且以一个"已然死去"的幸存者的视角，为我们展开一帧帧令人不寒而栗的画面：

可你为何不眠，棚屋？
而这风，亦如仓皇的被驱逐者……

是他们么，在炉渣里发冷着的——

那些个心旌，那些个臂烛？

借助"棚屋""风""炉渣""心旌""臂烛"等极其尖锐而洗练的意象，策兰让我们看见：犹太难民俨如仓皇的风一般，被"驱逐"、被流离失所、被囚禁于劳工营或集中营、被投入焚化炉、被烧成"炉渣"。那些"心旌"，则象征着斩不尽、杀不绝的犹太灵魂；而"臂烛"，让人不禁联想到被焚化后的残肢断臂，与那承载着犹太文化、精神与信仰的古老七烛台。

《寒冬》一诗大约成笔于 1944 年。两年前的 1942 年，策兰的双亲相继遇害。为了躲避进一步的种族清洗，策兰听从女友露丝的劝告，主动报名去了劳工营，并在超乎想象的恶劣环境中存活下来。1944 年 2 月，策兰得以返回切尔诺维茨，可故乡已然物是人非。不难想见，作为幸存者的他，非但没有半丝劫后余生的庆幸，反而跌入无尽的自责、绝望和失语——一种比死亡更为沉重、更为黑暗的深渊。

"黑暗中的我依然如故：救赎温柔或锋芒毕露？"——死里逃生的诗人依然在作诗，他一边写，一边拷问与反思：诗，还能像从前那样写吗？用德语——他的母语，同时也是刽子手的语言——作里尔克式的吟咏，沉溺于浪漫主义的抒情？还是"去抒情""去诗化"，以另一种笔法，让黑暗开口、让真相现身？让词语在历史的废墟上发出冽厉之光？

在创作于同一时期的《你也说》中，策兰写道："给予你的句子以意义，给予它以阴影。""给予它足够多的阴影，多到你可以将阴影分布在围绕着你的午夜——中午——午夜之间。"随后，他又写道："瞧，一切都变得鲜活起来——虽死！犹生！说阴影的，恰恰是说真话的。"

策兰早期的诗作多为浪漫、梦幻、讲求韵律、写给爱情的抒情诗，带有明显的晚期浪漫主义气质。譬如这首《寒冬》，便是一首严整的格律诗。然而，经历了那场灭绝人性的浩劫之后，策兰开始质疑诗歌的意义，并思索新的写作可能："我的星空但闻竖琴锵鸣，弦弦根根嘶扯如风……"

竖琴在圣经里出现过数十次，是以色列人吟唱诗篇时常用的乐器，几乎只属于宗教语境。策兰怎能不想到自己的母亲——热爱德语文学、将德语视为母语的她，又能否继续承受这种语言、这种诗、这种抒情方式呢："哦，母亲，你是否容忍得了，如往昔在家时那般，这轻柔的、德语的、痛苦的诗行？

"间或有玫瑰时刻悬在琴上。"那悬在琴弦上的"玫瑰时刻"，既是儿与母神秘的精神链接与交会，亦牵系着爱的记忆与苦难的见证——"正阑珊。一刻。总有一刻……"策兰深知，唯有死亡，他才有可能永远回到母亲身边。于是，便有了结尾的那句："若何，妈妈：成长或创伤——我也同乌克兰的风雪一道沉没？"

希伯来语中的"成长"（milah）与"伤口"或"创伤"（mijlah），仅一个字母之差，尽显出一种意味深长的"近似"。两者你中有我，我中有你，如影随形，此消彼长。而策兰身上的那道"伤口"从未愈合，死亡的念头一直伴随他至生命的尽头。

在 1944 年的《寒冬》里，痛不欲生的儿子恨不能追随母亲，"同乌克兰的风雪一道沉没"。三十年后的 1970 年，诗人纵身跃入塞纳河，终于与母亲、与死神"浑然一体"，"漫行于黑夜"……

绝望的对话

朱 良

当下乌克兰战事正紧，恰好也是寒冬。而我，大疫肆虐下的未亡者，虽悲愤在胸，反倒是冷静异常，正如古时的阮籍丧母，不哭不泣，是为大恸……

也就这个当口，一个认定生命是一种"绝望的对话"的诗人保罗·策兰，将他的《寒冬》，挟带着一股凛然的死亡气息，不管不顾地推送到我的面前……

"下雪了"——救世主头上的荆冠，像是落满了数不清的象征愁苦的颗颗糁粒。在主的神圣也将因此蒙受质疑的同时，更给人以末日般的联想。

"下雪了，妈妈"——正是在冰雪覆盖的乌克兰，响起世间最令人心动的呼唤！

"昔日的挥别"怎么就成了"永诀"？"空自一个傲影默默"？生死相隔，苦海无边。"泪"泉汹涌，安能自渡？——哪怕有"一颗""抵达"？

斯人已逝，棚屋不眠。"而这风，亦如仓皇的被驱逐者"，四处逃窜……

最终看到的他们，是"那些个在炉渣里发冷着的"尸体堆积——
阴气弥漫处，隐约有"心旌"飘摇于无望；依稀见臂烛乱举于虚空……

"黑暗中的我依然如故"——在"救赎温柔或锋芒毕露"之间游
疑两端……

"我"仰望星空，气冲霄汉——"但闻竖琴锵鸣，弦弦根根嘶扯
如风"……

只可叹，弦断犹可续，心去最难留！

仿佛一个象征，或是一个"感召"——"间或有玫瑰时刻悬在弦
上"，宛然在目，明灭"阑珊"……

"若何，妈妈：成长或创伤——我也同乌克兰的风雪一道沉没"？

诗人把对自己命运的抉择，宣示给死去的妈妈，并暗示以命相随，
这是不是关乎生命的"绝望的对话"？

无可置疑的是，即使你选择了"成长"，"创伤"也将如影随形，
不离不弃。除非你——"同乌克兰的风雪一道沉没"……

就在此时此刻，乌克兰那里的雪下得正紧……

大地有许多秘键

作者：艾米莉·狄金森　　翻译：岩子

大地有许多秘键
哪里听不到旋律
哪里即未知的岛屿
美成之于自然

却将桑田和
沧海见证
而蟋蟀的啼鸣
是我最动情的挽歌

The earth has many keys（1775）

The earth has many keys.
Where melody is not
Is the unknown peninsula.
Beauty is nature's fact.
But witness for her land,
And witness for her sea,
The cricket is her utmost
Of elegy to me.

美——刻意不得——

美——刻意不得——
你追它，她逃匿——
你放弃，她停留——

逐猎——千折百曲

于草浪中——当奔跑的风
将纤指轻弄——
上帝成心教你
永不得逞——

Beauty – be not caused – It Is （654）

Beauty – be not caused – It Is –
Chase it, and it ceases –
Chase it not, and it abides –

Overtake the Creases

In the Meadow – when the Wind
Runs his fingers through' it –
Deity will see to it
That You never do it –

真理千万别直说

真理千万别直说
要拐着弯说——
太耀眼了我们吃不消
正如惊玄的闪电
要委婉地
讲给孩子们听
真理得慢慢地释放光芒
否则会亮瞎眼睛——

Tell all the truth but tell it slant – （1263）

Tell all the truth but tell it slant –
Success in Circuit lies
Too bright for our infirm Delight
The Truth's superb surprise
As Lightning to the Children eased
With explanation kind
The Truth must dazzle gradually
Or every man be blind –

所谓诗人

所谓诗人——
就是
萃取奇崛之意
从平凡词语——
玫瑰香精那般馥郁

即出自凋零在家门口的
常见草木——
不由地问，缘何不是我们——
捕捉到的它——先一步——

披露——那些个意象——
而是诗人——是他——
教我们——寒碜得
没有边涯——

一笔——不自觉中——
打劫而来——伤害——
不着他——且
归了他的——财富——
在时光——之外——

This was a Poet –（446）

This was a Poet –
It is That
Distills amazing sense
From Ordinary Meanings –
And Attar so immense
From the familiar species
That perished by the Door –
We wonder it was not Ourselves
Arrested it – before –

Of Pictures, the Discloser –
The Poet – it is He –
Entitles Us – by Contrast –
To ceaseless Poverty –

Of Portion – so unconscious –
The Robbing – could not harm –
Himself – to Him – a Fortune –
Exterior – to Time –

大地的歌吟永远也不会消亡

赵佼（太原）

　　《斐多篇》记述了苏格拉底生前最后一个下午，与弟子们对话的情形，斐多的一句"我相信，柏拉图病了"，颇值得玩味。柏拉图作为"记录者"，既"在"又"不在的境况，并由此引发的不确定感为斐多篇注入了恒久的诗意。希腊语中，诗人与造物者同源。探求真理是诗人与生俱来的使命。而狄金森便是这样一位诗人，她选择倾听万物，对话万物的方式"创造"诗与存在。

　　《大地有许多秘键》是狄金森全集的第 1775 首。这首诗里，她依然保持着倾听者的姿态，以独有的方式去倾听"听不到的旋律"，去寻觅"未知的岛屿"，这难以抵达的存在。她明白，美，"千折百曲"，"刻意不得"，深知"美成之于自然"，在千山万水之中。然而美，深藏不露，往往被遮蔽，且只把"秘键"交给懂她的人，惟有他们可以打开天国遗落在人间，关在潘多拉盒子里的希望。诗歌第二节中，"her"一词反复出现三次，究竟指的是大地、是美还是"她"？或许三者兼而有之。倾听过后，诗人"回应"以蟋蟀的啼鸣，"我最动情的挽歌"。抽象之存在跃入眼前，"听不到的旋律"萦绕在耳畔，"未知的岛屿"在时间中流逝成已知，而"大地的歌吟"，隔空的回响将永远回响。译诗中隐去三个"她"，将末句译作"我最动情的挽歌"而不是"她的挽歌"，除却语言习惯及诗意多涵的考虑之外，更是对狄金森真理观与诗学观的重塑。

　　狄金森对存在与美的领悟深刻而独到。"秘键""听不到的旋律"与"未知的岛屿"，都以"不存在"的方式存在着。存在与不存在，相悖又相依。但是，在狄金森的笔下，通往不存在之存在的路径却清晰分明，可波澜壮阔，历经桑田沧海；可如蟋蟀啼鸣，平常到难以察觉但永远不会终了。真理亦如是。真理是"惊艳至极"，"耀眼的让人吃不消"，甚至会"亮瞎眼的"闪电，唯有"拐着弯""委婉地""慢慢地"释放光芒才能抵达。无独有偶，尼采也认为，"一切美好的事物都是曲折地接近自己的目标，一切笔直都是骗人的，所有真理都是弯曲的，时间本身就是一个圆圈。"所以，"真理最好别直说"。

一如美的"千折百曲"，真理亦"千曲百折"，直叫人怀疑它的存在。不由得想起博尔赫斯的那句"死亡，就是水消失在水中。""死亡"之水以"消失"的方式在水中永生。万物依然是万物的终极归宿，从初生的那一刻起，再难停歇，缓慢而执着地走向归处。通往存在之过程始终与"非存在"对话，只有在归处才会明白，经历了怎样一个诗意之旅，"听不到的旋律"也是一种旋律。

凭何抵达自己？在狄金森看来，诗人，一定是离美与真最近的人。在《如果我来列一份清单》里，她将"诗人——排在第一"，只有诗人"消费得起太阳"，那是来自天堂"多么不易的恩典——"；在《所谓诗人》里，狄金森继续对美与真深入思考，曲折，高贵，得之不易。"所谓诗人——/就是/萃取奇崛之意/自平凡之词语——"；诗则是"玫瑰精油"，是诗人"打劫"来的一笔"财富"，它不属于诗人，又非诗人莫属，它是诗人"打劫"的结果，也是诗人天才而不朽——逍遥于"时光之外"的"创造"。诗，以不断超越诗人的方式奔赴诗。诗人却还要凭借隐秘而平凡的词语，"拐着弯"，与诗对话，觅心之所系，直至遁入一首永恒之诗。

追寻"她"的心思，倾听"她"的倾听，随"她"深处的振动而振动。"她"是大地，是美，是真，而拥有"秘键"的"我"，作为"她"的译者与"她"共写存在。译者与作者，译诗与原诗难辨彼此，"永恒之诗"再生为"永恒之诗"，吟咏着"最动情的挽歌"。

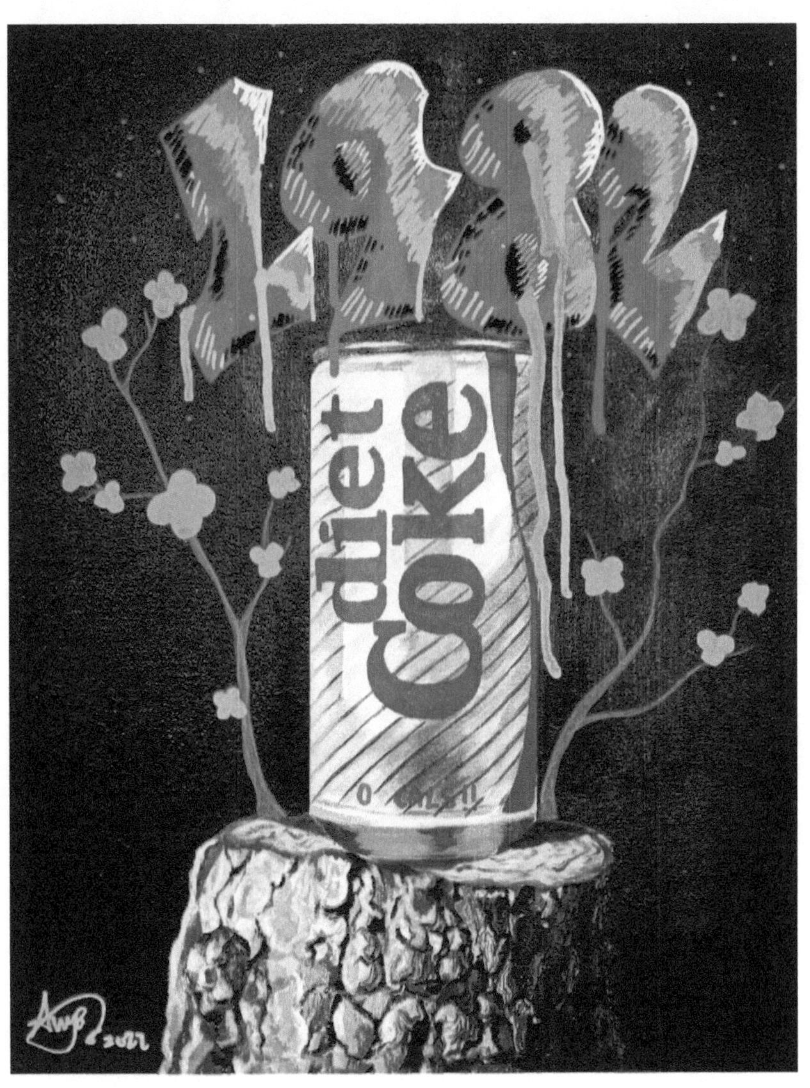

千千作品 无题，2022 年

北海一日

山橘（成都）

北海有湖。

晴好的冬日，偌大的湖一眼望不到边，愈显苍茫辽阔。

湖大若海，其称北海毫无夸张之嫌。

放眼望去皆是湖，湖畔道路几乎缩成线，环绕湖水。

湖水大半已结冰，尚有向阳的一处依旧有水流动。一群鸭子成群结队伫立冰面，蜷缩着身体，天气寒冷时，一切都在收缩。

成年的鸭子静立湖面，也有些在水中游来游去，双掌拨弄湖水，向前悠然滑行。

一些小的鸭子，来回穿梭于湖面，不时迅疾地钻入水下，大约是在寻找可食的虫鱼类，旋即又钻出水面，其速之神，即便优秀的游泳运动员也要自叹弗如。

成年的鸭子在观望，看看游人，小鸭子，再朝着远处高处张望。

许多鸭子长时间伫立，极易令人思及冰面上曾经的清朝兵士，他们也曾站立于此，不过是为表演冰戏，供远处高台上的皇帝和大臣们观看。

湖边陆地，一些行人驻足观看湖内的鸭子们。

还有一些正值豆蔻之年的女孩子们在湖边自拍。冬日湖面浩淼，远处湖心高处的白塔笼罩于云烟中，仙境一般，是极好的画面背景，身着古装，人便如在画中了。一个女孩子正在自拍，调整角度，整理头发和衣服。旁边走来两位中年男士，一口地道的京腔，他们显然是本地人，来此遛公园。

"头该朝这边……"，其中一位男士脸凑近了那位女孩子，热心且嗓门宏亮地指导，许是距离太近之故，女子略感不适，不由自主地后退，有些腼腆和羞赧。

于女孩子而言，男人已是大叔大爷辈，似乎并不在意女孩子的不适，依旧不停地指点。

女孩子浅笑不言，那人也知趣地走开。

复向前，又是一位自拍的女孩子，也许是刚才那位女孩的同伴。

男子依旧凑近了那女孩，不知又在指点什么。

向前行，他们留在了身后。不多时走进永安寺。

寺庙依山势而建，底层有法轮殿，供奉着佛祖菩萨金刚雕像。

院内有苍松翠柏，冬日柏树结子，青紫果粒缀满树枝。

也有丛丛翠竹，寒冷中愈显青翠劲直。

有一株叫木香花的藤蔓，在万木枯落的北方，依旧郁郁葱葱，枝叶繁茂。

有台阶通往高处。拾级而上，左右有碑，刻有乾隆皇帝碑文，「塔山东面记」，「塔山西面记」，还有南面记，北面记。是乾隆御笔，书法圆润饱满，如深得柳公权楷体之法。

乾隆皇帝碑文条理清晰，且文采灼灼。

"水无波澜不致清，山无曲折不致灵……室之有高下犹山之有曲折，水之有波澜，故因山以构室者其趣恒佳……"

北海公园是皇家御苑，处处留有乾隆墨迹。

那位活了八十八岁，留下四万余首诗的皇帝，一生不仅勤于笔墨，也勤于政事。

通读碑记，再行游览，与文字相互印证，便觉乾隆塔山记犹如向导，且是两百多年前的向导在给后来者指路。

譬如文载半山腰之石洞，若穿洞而过，则豁然开朗，与某处院落平，试着穿洞而出，果然如此。

若不与文字互证，便无此种乐趣。

复拾级而上，有几处院落连在一处，中间一处院落，为乾隆休憩和读书处。

院内左右两侧植有两株树，冬日叶落唯有枯枝，地面青砖剥蚀，太多古人今人行过，自然也有乾隆皇帝的印迹。

屋门紧锁，两三百年前，乾隆帝曾于此屋内读书写字，书写留给后世的言语。

院内并无帝王之威严，却如曾住过一位孜孜不倦的读书人。

山最高处建有白塔，巍巍峨峨，不知当时能工巧匠如何耗尽心血，以一颗虔诚之心建造完成此辉煌巨作。

今值白塔维修，无法攀登。只在塔下仰望，已足以令人敬仰不已。

下山，沿石径。通往山下的石径有许多，觅一处行走。

两侧太湖石垒就甬道，脚下巨石，久历岁月愈发莹润光洁，小心攀缘，石径虽人工有意为之，却颇得自然之野趣，今人修建的山径，虽平整，却断无古人这般意趣了。

下山并无苦累，只觉下一级有一级意趣，抬头山顶有白塔，山腰有亭台，向下满山树木，或枯涩或青翠。人如行走于古诗古画中，与古人古迹为伍，何曾有筋骨困乏？

下山途中，偶惊鸦雀，乌鸦飞过，啊啊鸣叫，像极人声。遇一行人，其中一男驻足，对着树杈间的乌鸦，也啊啊叫了起来。

乌鸦并无回应。不觉莞尔。

近五时，暮色四起，途径湖畔，众鸦依旧蜷缩湖心，它们习性于冷，若处温暖环境，对它们来说也许是灾难。

暮色中回望，寺庙更加寂静，慕古却不见古人，竟是迟生了数百年。

祭　祖

程应铸（纽约）

一

虽然历经文革抄家，有幸的是，家中至今还保存着一帧祖父的照片，那是他步入晚年后所摄，自然是黑白照，有四寸半大小。像中，祖父的头发几乎全白，只有局部隐隐带些灰色；额上有两道很深的皱纹，眼眶下面有明显的眼袋；唇上的浓须白中夹杂着几丝灰色，而蓄在下巴上的三寸长须则全白了，劲挺而又不失飘逸；一双大耳，平平地贴在脑侧；从祖父颈部衣着的竖领与领下襟扣可知，他穿的是旧式文人、士绅所偏好的深色长衫。祖父的表情慈祥随和，凹陷的眼睛里，流露出一种饱经人世风雨的苍凉和淡定，而这苍凉和淡定中，又仿佛含有缕缕飘忽难猜的忧思。这，就是近代著名诗人程学恂晚年所存不多的一帧肖像。

它原本是一张一寸大的小照片，有"诗书画三绝"之称的祖父殁后，为了纪念他老人家，父亲拿着这张小照，到家附近的天伦照相馆翻拍并放大。放大了的照片背后，托了一块照相馆提供的硬纸板，父亲便依这纸板的大小配了一个木镜框。

然而，这张配了镜框的照片并没有挂在墙上，那时，时有身穿制服的人上门找父亲谈话，盘问我们家族的情况，那情势，怎么可能挂起祖父的照片呢。祖母小心翼翼地用报纸将照片包好，再用粗粗的棉绳成十字形地绑扎，然后搁放在橱顶上。

从此，祖父这张放大了的照片平时深藏不露，只是在除夕之夜家里祭祖时才现一下身。久而久之，这张照片就成了祭祀时的专用物品。

于是，每逢除夕这天，当母亲和帮佣张卿忙着在厨房里洗啊烧啊，准备着过年的菜肴时，祖母就会急不可待地叫大哥站到凳子上，从橱顶取下祖父的照片。她用鸡毛掸子拂去粘在报纸上的灰尘，然后慢慢展开报纸，取出这帧带有镜框的照片，再用干布擦亮面上的玻璃。随后还会小心地将那张泛黄的报纸折卷起来，把解下的绳子绕在上面，以备祭祀完毕后再行包扎照片之用。

二

每年除夕的祭祖，早在除夕前一个月就得准备起来。家中几经颠沛和变故，祭祀用的烛台和香炉早就没有了，可这两者是祭祖的必用之物，怎么办呢？倒是祖母脑子灵活，她找出三个小小的铁罐，交到我们几个孩子手中，嘱我们去外面弄些细石子来，我们不明其意，祖母便告诉我们，这铁罐里装了细石子便可以插蜡烛、插香，权作烛台和香炉之用。哪里去弄这么细小的石子？我们虽然有些为难，但不得不佩服祖母的主意高妙，于是硬着头皮拿起铁罐，出门到处游逛。有时运气好，会碰到某些路段正在修马路，路边堆着一大堆细细的石粒，那是准备与柏油混合后用来铺路的，我们喜出望外，赶紧将铁罐装满，回去交差。偶尔，我们无功而返，祖母也不苛责我们，她会俯身到米缸里挖三罐米来替代小石粒，原来祖母还留了一手，备有第二方案！

用锡箔折元宝是一项精细的慢活，更得早早准备起来，这件事以祖母领衔，母亲辅助，有时大姐二姐也会参与其中。只见他们先将一张小小的长方形锡箔纸折成条状，再折叠它的左右两角，使之成为一个梯形，接着把上端的两边扯开，最后用手指在底部轻轻一顶，就成了一只鼓鼓囊囊的银元宝了。只是折元宝时，祖母口中总是念念有词，每折完一个都要对着它念一段经文，因此速度非常慢。看见他们手上粘满闪闪亮亮的锡箔碎片，我觉得很有趣，也就伸手揭了一张锡箔学样折了起来，不想刚折好一个就被祖母喝住，说样子太难看，不像元宝，倒像个扁扁的小纸船。

母亲见我闲得着慌，就从袋中摸出一张零钱，令我去文具店购买一张比一个桌面还大的白纸。白纸买回来以后，就由大哥操刀，将它裁剪成若干小片，再用浆糊粘贴，制成两只一尺宽的长形纸袋，用来装折好的"银元宝"。待到晚上父亲下班回家，祖母要我们为父亲准备笔墨，我们难得看见父亲用毛笔写字，好奇地围在边上观看，只见父亲沉吟了一下，就落笔在一只白纸袋上写下"先考府君程公伯臧冥中收用"几个字。我问何以另一只纸袋不写字，父亲说那是寄给其他列宗列祖用的，有很多人，所以无法一一写上名字。

虽然家境败落，但为祭祖准备菜肴也还是有所讲究，并有规范遵循。详细的已记不甚清楚，印象最深的有两点，一是像带鱼、鳗鱼这类无鳞片的鱼不能上供桌，祖母是信佛念经之人，从不食这种鱼，自然更不能用它们来供奉祖先。二是鸭子不能上供桌。有一年母亲叫张卿去采办年货，她看见市场里有很肥壮的鸭子供应，便自作主张买回一只，还说依她之见，鸭比鸡要味美，祖母听了皱起眉头，斩钉截铁地说，鸭子就是再好吃也不能用来祭祖。我们听了愕然，不解其意，于是祖母滔滔不绝地说开："你们有所不知……"听罢祖母的故事，我这才知道，我们程家发达之前，老祖宗以养鸭为生，人称鸭太公，他勤劳节俭，持家有方，鸭子养得越来越多，越来越肥，日渐富裕了，他卓有远识，深知读书乃兴家之本，于是不惜把家产全耗在子孙的教育上，以致我太高祖三兄弟程乔采、程楸采、程焕采均进士及第，得以在故乡兴建"汪山土库"，并以"一门三督抚"的美誉光耀门楣。因此，鸭子是我们程家的福星，是不能用以祭祖的。

母亲每烧好一道祭祖的菜肴，对我都是一种诱惑，特别是那油色可鉴、香气缠鼻的炸鸡块，看见它们被装入碗中，暂搁在厨房的案板上，我忍不住在旁边徘徊再三，恨不得伸手拖一块塞到嘴里解馋。祖母似是看透我的心事，忙下禁令："这是老祖宗吃的东西，谁也不得先尝。"一句话就断了我的念想。

三

那时，祭祖是要冒风险的，家里除了客堂，没有更好的地方可以祭祖。但是客堂沿街，万一有外人推门闯入，那可不得了，被斥为封建迷信事小，倘无限升级，则麻烦大矣！所以除夕之夜的祭祖必须挑时机，不能太早，也不能太晚，最好在家家户户开始享用年夜饭时，差不多酒过三巡之时进行，这时街上不会有什么闲人，相对比较安全。

客堂的窗子没有窗帘，为防人窥视，我们平时就在窗玻璃上贴满半透明的白纸，一年下来会有不少破损，所以在除夕前必须全部换上新的。为防万一，再在窗子后面挂上一块厚厚的床单，把整个窗子遮蔽得严严实实。

平时放置在客堂中间的八仙桌被我们合力移动，让它紧贴着东墙。祖父的照片斜置在桌子左边，顶端靠在墙上。祖母在祖父照片前面放上一副杯筷碗碟，再在右边放上另外两副，说那是供其他祖宗食用的。三个装了细石粒的小铁罐并排放置在桌子的前沿。母亲上完菜，父亲在三个酒杯里分别倒入白酒。这时，祖母便点燃两支蜡烛，分插在左边和右边的两只铁罐里，然后拿起三支香，在烛火中点燃后插入中间的铁罐。

接下来的仪式是磕头跪拜，先从祖母开始，大姐已在地上铺了一张纸，将祖母每日拜佛用的跪垫放在纸上。祖母双手合十，弯腰作揖，口中絮絮叨叨地念着，然后跪下磕了三个头，每磕一个头，就会有一次念白，但我听不清她念的是什么。然后是父亲，父亲行礼时总是默默不语，一脸的沧桑。再下来是母亲，她在作揖下跪前总会颤着声音喃喃而语："爹，你就保佑子子孙孙平安康吉吧！"

后面就是我们四个孩子以年龄大小为顺序依次跪拜。轮到我磕头时，每磕完一个头就会直起腰，抬头看一看祖父的那张照片。肃穆和静默之中，突然会有一阵悲哀和凄凉的感觉袭上心来。

仪式完毕，祖母要我们孩子离开，吩咐我们务必保持安静，不得喧哗，否则会打扰祖先们的用餐。这时我会伫立在过道边，默默地凝视祖父的照片，这是一个多么慈爱善良而又才情过人的长者。

暗淡的灯光，摇曳的烛火，袅袅盘旋的烟气，无不增强客堂的神秘诡异气氛。门外北风呼啸，它们从门缝和窗隙遁入，袭向烛火，烛火摇曳得更凶了，烛光也晃动得更厉害了。在暗淡灯光和烛火晃动的交辉中，祖父颚下的胡须仿佛飘动起来，祖父的眼睛也眨了，嘴唇也动了，祖父啊，你是想和我说些什么罢？

红红的蜡液从烛端的凹坑里溢出，沿着蜡炬的壁面像泪花一样淌下，慢慢地冷却凝固，一串一串挂着。三支供香的端头各顶着一截灰色的燃尽物，它们依次悄无声息地塌下来，落在铁罐中的石粒上。

突然，门外人行道上传来逐渐加重的脚步声，糟了，有人来了，我赶紧走到门后，顺着最粗的一道门缝朝外探视，只见一个壮年男子急急走来，又头也不转地急急向前而去，唔，一定是一个除夕之夜还在做工的辛劳者，此刻正匆匆赶回家去吃团圆饭呢，我砰砰狂跳的心这才平复下来。

四

祖母时不时地走来巡视，看见三柱香差不多快烧完，便又燃了三支接上。她忽而发现那两支蜡烛火头太大，这样，等不到这三支香燃尽就会熄火，就找了一把剪刀，把烛芯修剪得很短很短。

该上饭了，母亲端上三碗浅浅的白米饭，然后又捧来一大碗汤。这时，祖母叫张卿在三个茶杯里放好茶叶，倒入少许开水沏着，先放在厨房的案板上。我们几个小孩都饥肠辘辘了，特别是面对供桌上还冒着热气的美味菜肴，个个怀着渴望，馋得快要流涎。哥姐们时不时跑来客堂张望，看见三柱香还有大半截，便怏怏地走开，大家心中无不在思忖，怎么这香燃得这么慢啊！

终于，祖母让张卿在三杯沏好的茶里再加入开水，然后叫大姐端上供桌。

门外的马路上响起稀稀疏疏的爆竹声，因为有的邻家已经吃完了年夜饭，孩子们开始跑上街，燃放烟火和鞭炮。可是，我们的祭祖程序还未走完，得赶快啊，我的心焦急起来。

祖母也有些沉不住气了，决定马上焚烧给祖宗用的纸钱。她唤张卿拿来一只破旧的脸盆，放在供桌前面，然后提来两袋被锡箔元宝撑得鼓鼓的纸袋，先将一包给祖父的放入脸盆，再拿了几只零星的元宝堆叠在脸盆外面的地上，我甚感奇怪，就轻声问母亲这是何意，母亲说这是给送信冥使的脚路钱，我立刻明白过来，这不是和我们寄信贴邮票一个道理！

祖母先将盆外的一小堆元宝点燃，然后再提起盆里的纸袋点燃它的一只下角，嘴里喃喃地絮语着。地上的元宝很快就燃尽，最初还保留着元宝的形状，很快就塌瘪下去，成为一团白灰。那纸袋的火势很猛，火头一下子冲得很高，把我们众人的身影映在墙上，随火光而晃动。门外的爆竹声越来越响，越来越频繁，我心中生出了焦虑和恐慌，幸而很快整个纸袋就被火苗吞食殆尽，只剩一块小小的白色纸角。由于冷热空气造成的气流，灰白的锡箔余烬轻轻扬了起来，又轻轻地落下。接着，祖母又如法烧完了第二袋。

是时候了，该由父亲来行使祭祖的最后一道程序。只见他依次拿起供桌上三只盛着酒的杯子，慢慢地将杯口倾斜，手臂打着圈，将杯中的酒洒落到供桌前方的地上。

祭祖到此便告结束，破脸盆里的余烬还冒着热气，母亲将它端走，在里面浇入一碗冷水，然后在炉底铲了几铲烧尽的炉灰，加入后用铲子搅动，结果脸盆里成了粘糊糊的一团灰白，燃烧锡箔的痕迹丝毫不存了。母亲的谨慎让我佩服，这样，拿出去当垃圾倒掉，就不会引人生疑。

由于燃烧纸钱，客堂里烟雾缭绕，火辣辣的，我们个个眼睛都被炙出泪水，所以，不把烟气排出，是无法享用年夜饭的。母亲扯下挂在窗后的床单，开出一线窗缝，让烟气慢慢逸出，好在街上也弥漫着鞭炮的浓浓火药味，加以无论是大人或小孩，无不沉浸在送旧迎新的喜庆中，故而没有邻居觉察我家有什么异样。

如是，在我眼中，祭祖既是家中的一种传统，也是一道迎接新年不可或缺的程序。因此到了年尾，总会对它有一种期盼，虽然期间心中难免紧张不安，但倒也富有刺激；虽然期间强忍自己的食欲是一种煎熬，但等待能积聚肠胃的消化能量，唯如此，吃年夜饭时会更觉味美，也就吃得更猛更多。

<h1 style="text-align:center">五</h1>

经历了一年又一年的祭祖仪式，我们也逐渐长大。1966年，文革来了，抄家的队伍离开后，我们心存侥幸地在狼藉的碎纸堆里翻寻，竟找到那张祭祀用的祖父照片，虽然镜框已被砸碎，万幸的是照片完好无损。也许缘于这张照片没有背景，看不出旧时代的印痕，这才得以保全，父母如获至宝，将这件劫后余物藏了起来。当然，要想祭祖是不可能的事情。第二年夏，祖母因病逝世，在接下来的数年里，父亲连连挨斗，全家日日如坐危卵，即便是一年一度的除夕，也过得清冷简单，加以没有祭祖的仪式，更是显得乏味，丝毫没有过年的气氛。

到了文革后期，对我们这种家庭的管控有所松动，除夕快到，母亲说我们祭祭祖先吧，父亲点头赞同。但要具体做，谈何容易，首先，自从"扫四旧"之后，香烛根本无处可买，母亲说就用照明蜡烛替代。那时经常停电，每家每户都得贮备一些蜡烛供夜间照明之用，那时万事又都以红色为好，所以原来白色的照明蜡烛都被制成红色，这正好和祭祀用的蜡烛颜色相同，如此，两者除了在形体上有圆柱形和圆锥形之别外，其他方面就很接近了。虽然粗壮并带有根棒的供香无处可觅，但纤细的，散发着茉莉花和檀木等香味的卫生香却还能买到，其功能是一样的。

至于纸钱，母亲起初颇为犯难，后来也想出办法，她买来一刀制工粗糙的黄色草纸，在家中的废物箱里翻找，找出一截换下来的生锈自来水管。母亲先作示范，取来薄薄一叠草纸放在方凳上，一只手把着管子，让它的下端压着纸面，另一只手用锤子敲击管子上端，草纸上便出现一个清晰的圆形凹痕。然后，母亲要我依样在整张纸面打满圆形的印痕。我下锤时用足力气，这样效果很好，直到这叠纸的最后一张都还印迹清楚，这就制成了一张张象征铜钱的纸钱。母亲说锡箔是不可能弄到的，有了这些纸钱，银元宝就免了吧，祖宗该也知道，这是非常时期，不会见怪的。

除夕的前几天，母亲听见一个乡下妇人用浓厚的地方口音在门外唱喏，知道她欲用鸡蛋换取粮票。那时很多东西都凭票定量供应，买米当然要用粮票，农村人食量大，配给的粮食不够吃，好在他们有条件养鸡，母鸡能生蛋，蛋积多了，就拿到城里来换粮票买米。母亲正好想换些鸡蛋，用于除夕祭祖，便叫我开门让那妇人进来。

母亲用粮票与她交换鸡蛋后，她迟疑着并没有马上离开，更令我们感到意外的是，她突然用含糊不清的乡音问道："锡箔要不要？"看见我们一脸愕然，她怯怯地揭开那块铺在鸡蛋下面的土布的一角，露出了银光闪闪的锡箔。母亲大喜过望，毫不犹豫地买下两叠，每叠一百张。

我将一叠锡箔拿在手中掂量着，心想乡民是怎样制作这锡箔纸的，二姐说她闻到一股鱼腥味，断言这锡箔一定是用带鱼的鳞泥做的。我的脑子豁然开朗，立刻想起，在菜市场鱼摊边上，总有一个人架起一块案板，免费用刀替人刮除带鱼表面的鳞层，上海那时带鱼特多，刮下来的带鱼鳞粘粘糊糊的，像烂泥一样堆在案板上，呈银白色，有时还见农人带着铁桶前来收购。于是我附和说："一定是在草纸上涂以带鱼鳞，然后放在太阳下晒干而成。"母亲则说，别管那么多，只要能折银元宝就行。我们祭祖用的物品都齐全了，就剩祭祖当天母亲的操勺烹饪，母亲因此甚感宽慰。

除夕之夜，由于准备周全，我们颇顺畅地完成了久违多年的祭祖。祭祀时我们更加谨慎小心，时刻关注外面的动静，为防不测，进程也较为快捷。和从前祭祖最大的区别是，供桌上除了祖父那张照片外，还多了一张祖母的照片。

就这样，每逢除夕，祭祖缅怀先人的传统在我们家保留下来，并接力延续下去。1980 年，父亲和大哥赴美后，母亲在国内仍年年主理祭祖。1992 年，母亲去美和父兄团聚，就由仍在上海的我与妻子代表全家，负责操办祭祀事宜。1999 年春，我偕妻儿告别申城，跨海越洋，并将祖父祖母的照片带来美国，从此每逢中国年的除夕之夜，我们便和父母及兄姐一起在纽约祭祖，延绵有序，从不中断。

只是如今，我们缅怀的先人中，又多了父亲和母亲，唉，这就是人生！

太平洋中失落的世界

——加拉帕戈斯群岛七日手记

刘 辉（纽约）

十年前，我在非洲乞力马扎罗山下的大草原，被那里的动物大迁移和 Big 5 所震撼。地球上另一个起源之地——加拉帕戈斯群岛 Galapagos，也称达尔文群岛，及群岛的稀有动物，成了我这个对大自然有着敬畏之心的人，下一个探索大自然的目标。今年纽约的天冻地寒，驱使我们踏上了行走太平洋赤道的加拉帕戈斯群岛之旅。

*Big 5：在非洲草原最具代表性的五种大型野生动物：狮子（Lion），非洲象（African Elephant），非洲水牛（Cape Buffalo），豹子/花豹（Leopard）和犀牛（Rhinoceros）。

第一天

昨天我们由纽约飞亚特兰大转机，飞四个多小时就到了厄瓜多尔首都基多 Quito，这是世界上仅次于玻利维亚拉巴斯、距赤道最近的首都。我去之前没有做好功课，居然不知道它地处海拔近 3 千米的高原，四面环绕皮钦查火山。我虽然心跳不适，但还是被这座高原城市所吸引。从城市的任意一个山坡上看古城，就像站在一个巨型碗沿边，沉浸在天然剧场的生动与朦胧中。夜景尤其美丽。它曾是印加帝国的重要城市，后成为西班牙殖民中心，融合了欧洲与土著艺术风格。我们去了基多老城，圣弗朗西斯修道院、耶稣会教堂、独立广场、卡隆德莱宫、面包山女神像等景区。当年西班牙人在基多大造教堂，从 16 世纪开始，仅旧城地区就有十多座规模宏大的、巴洛克式大教堂和修

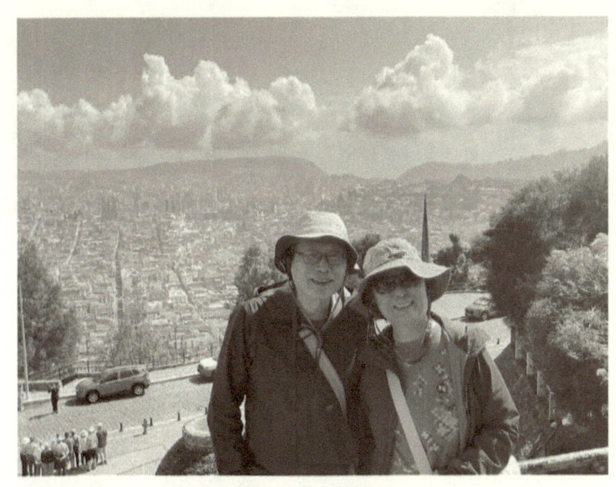

道院，教堂内上下左右都是镀金的，顶部与墙的雕刻图案基本是摩尔人的风格，所有的雕塑和装饰都是从欧洲运过来的，奢华得难以想象。基多以保存最完好的殖民老城著称，1978 年被列为世界文化遗产。

拉丁美洲是一片神奇的大陆，只要到了这里，总能感受到魔幻与现实的交织。这也说明了为什么这里诞生过这么多的知名魔幻现实主义文学作品。厄瓜多尔是拉美小国，因它的南方被赤道贯穿，而被命名为"厄瓜多尔"。从基多出发，向北约 30 公里就接近赤道了。在赤道附近有两个最为著名的景点，一个是赤道纪念碑公园，也被称作"世界中线城"，另一个是"印地酿"博物馆。赤道纪念碑公园里最著名的地标是赤道纪念碑。常见的方尖碑造型，顶部不是尖顶，而是一个铜铸的地球仪。纪念碑建造时，被认为是正好建在了赤道上，纪念碑下因此也画着一条穿过纪念碑的黄色"赤道"，纪念碑底座上还刻着"经度：西经 78 度 27 分 8 秒；纬度：0 度

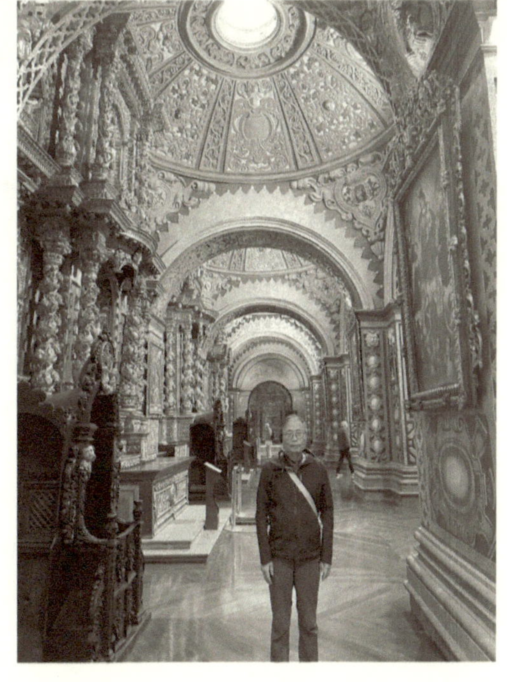

0 分 0 秒"。然而近年来科技不断进步，根据专业 GPS 设备的精确测量，纪念碑实际偏离赤道约 240 米左右，位于南纬 0 度 0 分 7.83 秒。但这个误差一点也没影响游人们兴高采烈地在纪念碑前，双脚分别踩着"南北半球"，拍上一张别致的照片。公园里还有十多座 200 多年前来到厄瓜多尔测量地球的各国科学家的半身铜像。为了帮助游客了解厄瓜多尔的赤道测量，博物馆讲解员讲了一个多小时的赤

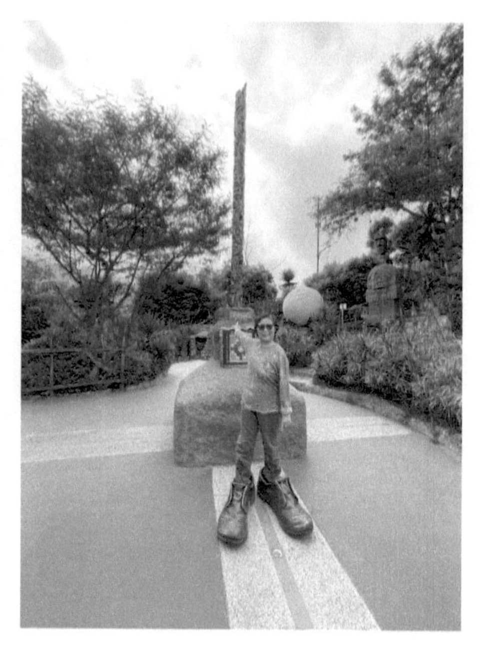

道地理，我基本没听懂。他做了三个测试，把鸡蛋竖起，放在直立钉子的扁平一面，鸡蛋不倒。把水倒进赤道两边的漏斗，水往下流，产生的漩涡转向是相反的方向。人受到南北半球的引力影响而走不了直线。记得在中学教书时，与我同办公室的地理老师也说过这个问题，当时听的得似懂非懂，所以记不住也理解不了。感谢好友资深地理老师丁宁，当晚在微信里对我解释了地球自转和压力的形成，对冲后成零的问题。"印地酿"博物馆里还有一些与厄瓜多尔印第安文明相关的陈设，与亚马逊衔接的植物，动物标本。巨大的蟒蛇，一年只需要吃两餐便可存活。我们参观了一个从亚马逊河过来的土族部落遗址，茅草屋里布展着印加人如何剥掉人或动物头的颅皮，保存骷髅的过程，难怪秘鲁库斯科博物馆，还有墨西哥城的阿兹别克遗址，堆积着如此之多的人头骷髅！有人还会告诉你，你的体重在赤道上会减轻 1 至 1.5 公斤。有一间圆形茅草房里的主人活了 110 岁，他是当年达尔文的向导，房内摆满了他曾用过的器物，还养着十几只象老鼠一般大，永远长不大的小猪。这是加西亚·马尔克斯的叙述吗？我想如果知道真相会不会笑破肚子？

第二天

　　今早，我们乘上了专飞加拉帕戈斯群岛的飞机，飞行 2.5 小时后，云层下露出蓝绿色的海洋，几座孤零零的小岛，由远及近。飞得更低了，一片褐色的土地，地面坑坑洼洼，绿色难觅。厄瓜多尔一共有 47 座火山，其中的 15 座在加拉帕戈斯群岛。向下望去，大地的样貌证实了岛屿诞生于火山爆发。飞机在巴尔特拉岛降落，我们从空旷的停机坪走向大厅，天很热。简陋的候机室门楣上写着"联合国教科文第一个世界自然遗产"，字迹已斑驳。回头一眼望过去，没有比这儿更让人排斥的地方了。海边的波浪高低不平，环绕着群岛。到处都是被火山爆发时喷射的黑色岩浆，破烂不堪。纵横交错的巨大裂缝比比皆是。荒野上布满阳光曝晒后的粗矮杂树，除此之外，了无生命的痕迹。在正午的阳光下，干燥焦裂的地面，散发出一种压抑郁闷的气息，如同烤炉里释放出的味道。机场边的大巴把我们载到了港口，不多的游客，有秩序地排着队，穿上红色救生衣，8 人一组下到橡胶汽艇中，20 分钟后汽艇带我们驶向了停在海域中的游轮，游轮就是旅馆。为了保留原始生态及达尔文登陆之所见，加拉帕戈斯群岛对到访游客有多项严苛要求，这是一个"世界上唯一不鼓励发展旅游业的旅游地"。有几个岛是不允许开发的，至今无人居住。我们用的 Flora 号，是加拉帕戈斯群岛最大的少数游轮之一（大多是 16 人的小游船），游轮摇晃的使人无法立正站着，只有保持稍息姿势才能站稳，这一点是我没有想到的。游客

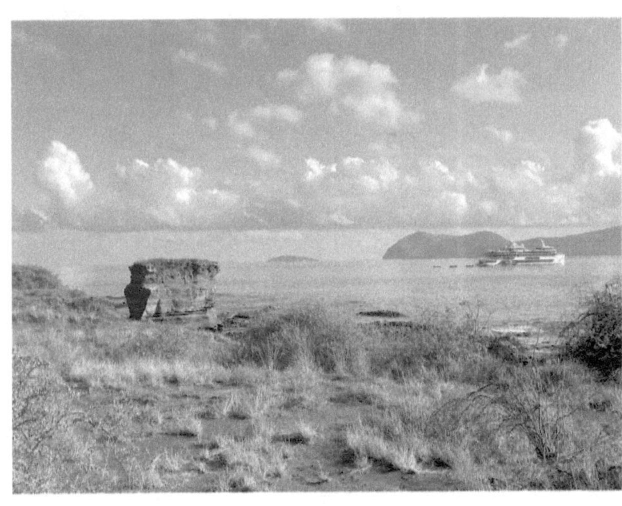

主要来自美国南部，也是一贯喜欢在游轮上旅游的白人。晚上船长召开的欢迎会上，有个富男声称他和家人坐游轮已 33 次了。我不知怎么会产生一种羞耻感，与这群人为伍！他们听说我们第一次坐游轮，也觉得我们是不可思议的另类。倒是认识了几个从加拿大和罗德岛来的游客，挺不错的，和他们能说得上话。真不知以后的七天，怎么与这些嘻嘻哈哈傻笑的人同进同出！

第三天

今天去了两个岛，挺失望的。导游带着我们十个游客攀登光秃秃的黄土和火山岩堆起来的岛，真的不好看！虽然在海边看到了海豹，这和旧金

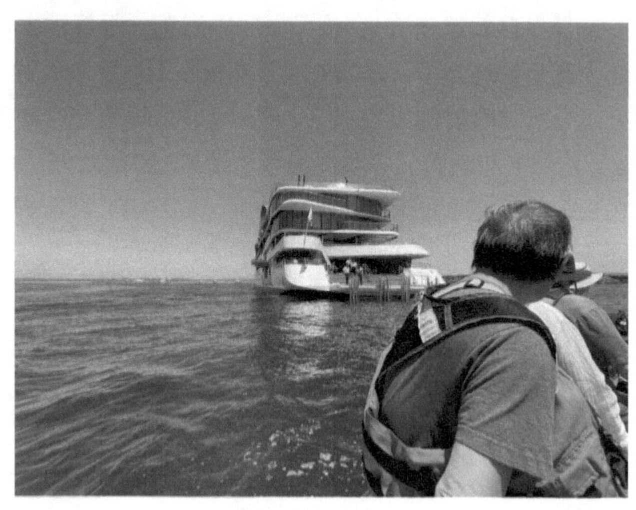

山渔人码头的海豹有什么不同？！还有火烈鸟，非洲肯尼亚纳库鲁湖上的火烈鸟成片，飞起来可壮观了。不需问导游，他自己就解释了：加拉帕戈斯的火烈鸟、海豹和非洲的、旧金山的不是一个品种，你们在岛上所看到，只有这个岛上才有，这里不存在动物、鸟类大迁移。即便在群岛，每一个岛的动物都不一样。达尔文的进化论证明，这个与世隔绝的、太平洋中的荒岛，曾经来到这里的动物，适应了这里的特殊环境，就活下来繁殖成这个地方的物种了。这里的火烈鸟是靠吃微生物（看不见的小虫）活下来的，是细菌吗？我走近仔细张望，它们长挺好看啊，深粉色的羽毛，长长的细腿，收拢着翅膀不飞，悠悠地在水塘上抬腿漫步，摆着芭蕾的舞姿。在几乎没有绿色的海岛上，只有站立在海涯边的蓝脚鲣鸟是我唯一喜欢的，它们飞向天空双翅展

开，像大鹏俯瞰，落进海中跃水捉鱼，像海豚玩耍，美丽极了！导游说，在交配季节，蓝脚板鲣鸟的雄鸟会把脚板抬起来，让雌鸟过目择偶。一般雄鸟的脚板是深蓝色，雌鸟的是浅蓝色的，而雄鸟脚板蓝色越深，越招雌鸟的爱慕。

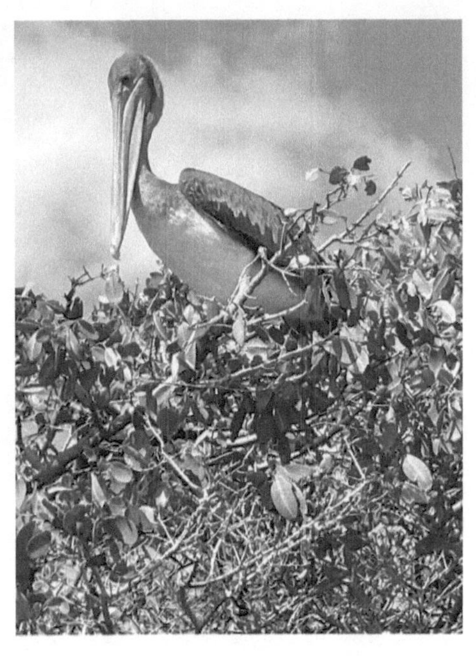

达尔文的后代们拿着长枪短炮对着一小片，好不容易挣扎着长出的树叶快门乱跳，对着垂头丧气、满身是刺、却不扎人的仙人掌中的一朵几乎看不见的小黄花大叫，好像哥伦布发现了新大陆。我则暗自好笑；鲁滨逊和星期五到了岛上可能都无法生存！西方人喜欢与大自然为伍，而我们来此，像是在补生物、地理课。可能受达尔文进化论的"毒"太深了，就是想体验一下环境怎么改变物种的？还有劳动、工具的创造和使用，让猿变成了人？这里可是一个活的生物进化博物馆。远处火山冒着烟，火山岩浆流向大海冷却成乌黑色的礁石，像烧焦的"冰川"和黑色凝固的"瀑布"。美国人则喜欢在火山岩上，头顶烈日攀登，他们觉得花钱做这种锻炼和体验非常值得，尤其乐于在鸟不拉屎的、冷却的火山岩浆上徒步，汗流浃背，在所不辞。我们则选择先走短途，再坐汽艇从海上观看。卡拉帕戈斯群岛的火山非常活跃，最近一次大喷发在2024年，这里人早已习以为常了。

从礁岩下来，我们去海边浮潜，看海下的生物、鱼类。我带着据说是密封的、可放手机的塑料套去水下拍照，结果因不习惯戴呼吸器加面罩，在水下非但什么都没拍到，塑料套里的手机竟被泡在海水里了，真是哭笑不得！下午去沙滩游泳，硬是背着沉重的水上用具和毛巾，还得穿着救生衣上汽艇，到了岸上换衣下海，海水清澈见底，我扑向海浪，扑向即将落进大海的太阳。

每当我们回到游船，都被要求在甲板上把所有带上岛的用具、泳衣、连同人体洗涤干净，才能进房，他们不允许

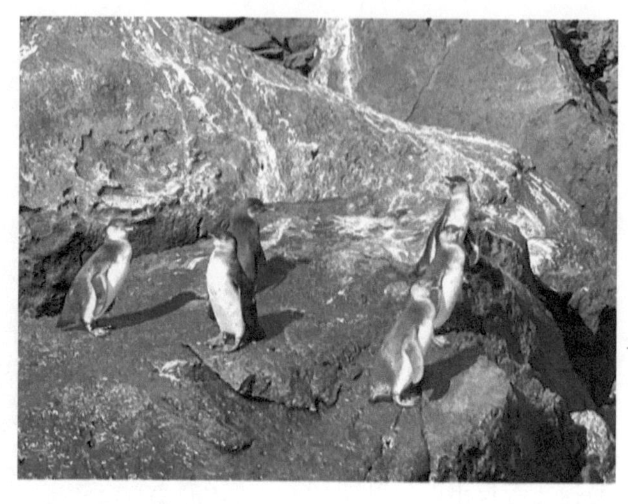

把不同岛屿的沙粒、泥土、植物带到另一个岛。Flora 号每时每刻都在给游客上生物地理课，除了游客回到自己的房间。连休息厅里的卡通片，也是专说企鹅怎么会从南极来到太平洋赤道的故事。夜晚船摇晃的难以入睡，我索性坐到阳台上，观望漫天的星斗，顿时感觉自己与天体自然连结在了一起，星星一颗颗大的像梵高画的旋月，距离如此之近，悬挂在我的头顶上。深蓝的天空在寂静中渐渐明亮起来，黑色的漏斗出现了淡粉色的云彩。唯一的声音是远处的鸟鸣、风的沙沙声、海浪一遍遍的拍打伴奏，还有游船发出的轻微"嗡嗡"声。书中写的、并赋有照片的蓝脚鲣鸟、红脚鲣鸟、橙嘴蓝脸鲣鸟、大军舰鸟、叉尾海燕、短耳鸮等都栖息于此。是它们发出的低鸣？空气中散发着淡淡的海水咸味，我们不远万里来到这里，就是想亲眼目睹达尔文如何彻底改写了群岛的命运，也重塑了整个人类的思想图景。

第四天

昨天我们去了加拉帕戈斯群岛的 Eva's pote 和 rabida 两个岛，千辛万苦不算，我的手机也彻底被海水泡坏了。今天的游程将我沮丧的心情变得好起来，因为终于在加拉帕戈斯 Santiago 島的周围海域，见到了能亲近人类的海鬣蜥（Marine Iguana）！若说我是为了见它和象龟而来，并不过份！它的模样很丑，活脱脱的迷你版恐龙，四尺长，祖

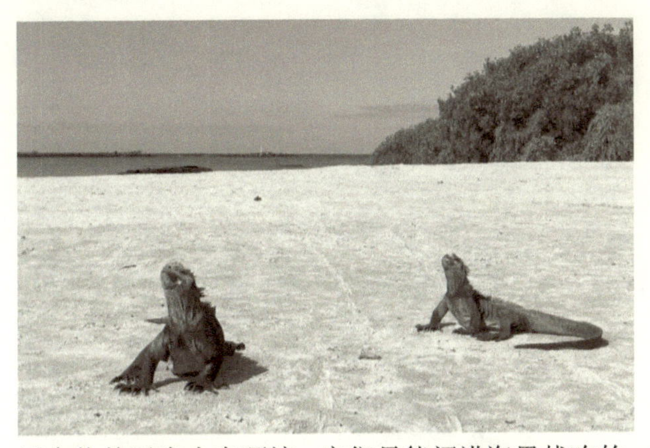 先在南美洲，当
初跟世上所有
的鬣蜥一样，只
在大陆居住。百
万年前靠浮木，
忍饥抵渴漂流
几周，来到加拉
帕戈斯群島，面
对这里没有合

适食物的恶劣生存环境，它们只能闯进海里找吃的。可能天生就不会游泳？物竞天择，适者生存，导游说海鬣蜥经过几百万年的努力，现已演化成游泳高手。当橡皮汽艇接近它们时，我看到它们的尾巴是扁平的，可提供足够的动力在水里前进。手脚和脊背长出利爪，能在海面上牢牢抓住火山岩石，不至于不被海流冲走。嘴巴是圆的，便于啃吃海藻。肤色逐渐变黑起皱，与火山黑岩一样，我们的汽艇只有靠近岩石，才辨认的出趴在礁岩上的它们。导游说，它们每次潜泳后会丧失摄氏 10 度的体温，所以在海里只能游八分钟，就得上岸，让黑皮肤吸收太阳热能恢复体温。导游俏皮地说（不知真假？），海鬣蜥为了减少热量流失，潜水时会降低血液循环及心律跳动，遇到鲨鱼时，居然能停止心跳免被发现。它们还持有在碰见威胁时，将身体自动缩小 20%的特异功能！好玩的是，当海鬣蜥到海中觅食时，皮肤变成了灰绿色！看着它们伏在礁石上悠闲地晒着太阳，实在是经过一番漫长的血泪奋斗呢。

我们的橡皮汽艇在海上礁石群转悠，加拉帕戈斯鹰 hawk 像芝加哥空军 F16 的空中表演，排队向我们俯冲过来，接近汽艇时一越飞向天空，在我们头顶上盘旋，我们即刻制身于电影镜头中。导游笑着说你们不必害怕，它们不会攻击你们的。海狮有的睡在沙滩上晒太阳，有的躺在岩洞的缝隙中玩耍。有的在汽艇周围飞速行游，不时地露出圆脑袋，手机按快门都跟不上它！露出海面的小黑礁石上，被大红色的螃蟹们占领了，它们像达利设计的红色珠宝。

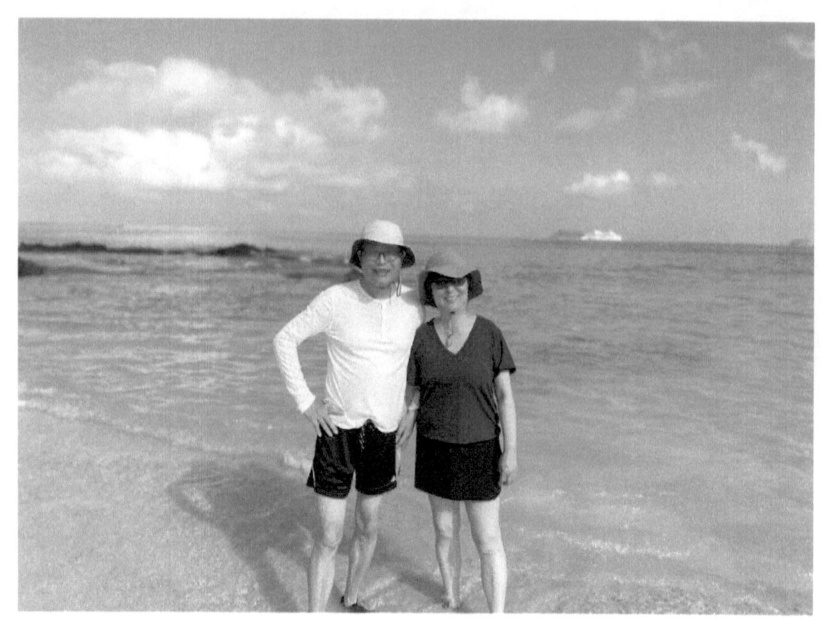

　　站在岩石最高处的是鹈鹕 Pelagan，一动不动地似雕像，有的展开翅膀，也继续保持这个动作，偶尔转转脖子，它似乎在说："这是我的地盘"，导游说，温暖的海水下面是寒冷丰富的鱼群，鹈鹕只要潜下水去，就足以喂饱自己，它们不需要远走高飞、长途跋涉去觅食，久而远之就演化成了不会飞的鸟，翅膀失去飞的功能，就越变越小了。不可思议的是蹲在岛边矮树上的鸬鹚 flightless cormorant，肥大的身体也不怕把树给压倒，我们接近它是，它闭着尖长的大嘴，睁着双眼，若无其事地与我们对看。

　　达尔文研究的加拉帕戈斯的鸟有二十多种，导游不停地介绍，我只听得懂我之前看过照片的那几种。世界上最小的加拉帕戈斯企鹅 pegui 也十分有趣，陈群结队地在我们周围游来游去，整齐优雅划着水，做着水上花样体操，或者站在礁石上，像穿着大礼服的绅士，向我们行注目礼。它们的祖先应该喜欢寒冷，这批企鹅不知怎么来到太平洋赤道，居然活了下来，身体变小了，游速极快。可它们的本性还是喜欢冷水，由于地球变暖加快，这些小企鹅在迅速地死亡。

　　每天晚餐前，游船经理都要组织一场集体会议，这也是白天穿着运动衣或泳衣的富婆们展示自己美丽的身材和衣裙的大好时刻。经理换着法子地介绍游船的厨师和工作人员的家庭情况，与游客互动，拉近距离。然后就例行冗长的公事，在大屏幕上介绍布置第二天的活动与地点，上岛徒步，潜海观鱼，双人划船，游泳浅浮，游海游览群岛的特殊物种，最后排队报名。船上的晚餐很高级，每套菜都有四道，任食客选择。厨师长来自意大利，可惜穿漂亮礼服的人是不吃晚餐的。与我们一起就坐吃晚餐的游客只有一半都不到。

第五天

上午去沙滩徒步，每次跳出快艇涉水登岸时，总让我想起二战时的诺曼底登陆，但迎接我们的不是枪炮子弹，是一群群海狮，欢迎和人类共处，它们老老小小，翘着小胡子，眯着小眼睛，不时地从海边爬上岸，又急急忙忙地滚下水，在游客身边游过，我看着他们肉滚滚的身躯，可爱又可笑，在水里极度灵活，确实与旧金山渔人码头下躺着不动，只会嗷嗷叫的海狮不一样。

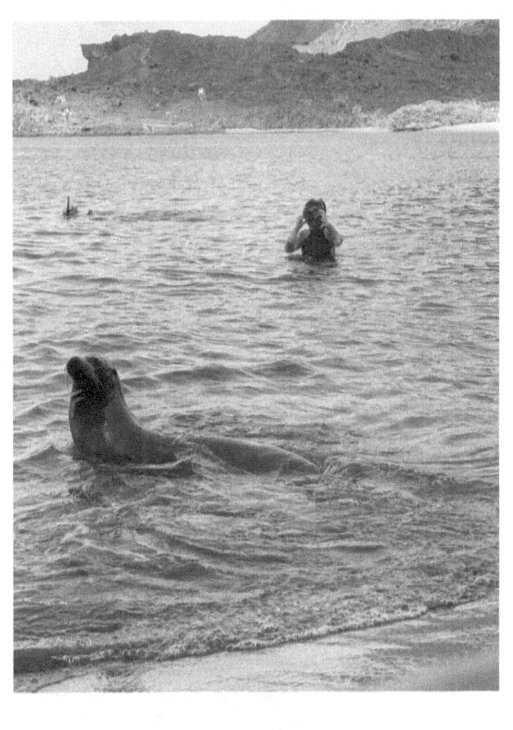

下午坐汽艇出海，到 North Seymour 礁石岛转悠，汽艇一离开游船，就撞见了浮在海面上的大海龟，它的背像一座露出水面的礁石，偶尔伸出头颈张望两下，即刻又缩了进去，汽艇在它周围转，大家想一睹它的全貌风采，可惜看到、拍到的总是它的那个巨形硬壳背。听去潜水的游客们说，每天都会见到它们趴在浅水中，站在它背上，它

都可以"我自岿然不动"。我们在导游引导下，沿岛继续观看在海边悬崖峭壁上停留筑窝的加拉帕戈斯鸟。军舰鸟 Great Frigatebird 非常多，以雄性繁殖期特有的鲜红大喉囊著称。它们是长途飞行高手，翅膀展开超过 2 米，导游说它们羽毛不防水，以掠夺偷吃其他海鸟食物为生。所以除了飞行就是站在礁石或矮杂树丛上观望，雄的是黑色的，雌的胸部是白色的。我们看到它们经常展翅高速掠过水面喝水，体型瘦长轻盈。还看到雄性军舰鸟蹲在树上，把自己的红喉囊越"吹"越大，（真恶心），来吸引周围飞来飞去的雌性军舰鸟，有的落在它身旁，没被它看中，只能狼狈飞走。

今天看到五、六种加拉帕戈斯的特种鸟，它们在礁石上交配，筑巢，或展翅站着不动，看护着树下自己的 Baby 们。不少小鸟在学飞的时候，翅膀打在黑岩石上，就落入水中死掉。成片的黑岩石上布满白色鸟屎，像一层散落的白棉絮。回家的路上看到几条巨大的三角形鳐鱼 Ray 和绿色大 Morgl 鱼，海水碧绿像玉石，肉眼看得很清楚，鳐鱼背上满是小贝壳，摔着长长的细尾巴缓缓移动，但手机拍摄出的照片是糊的。

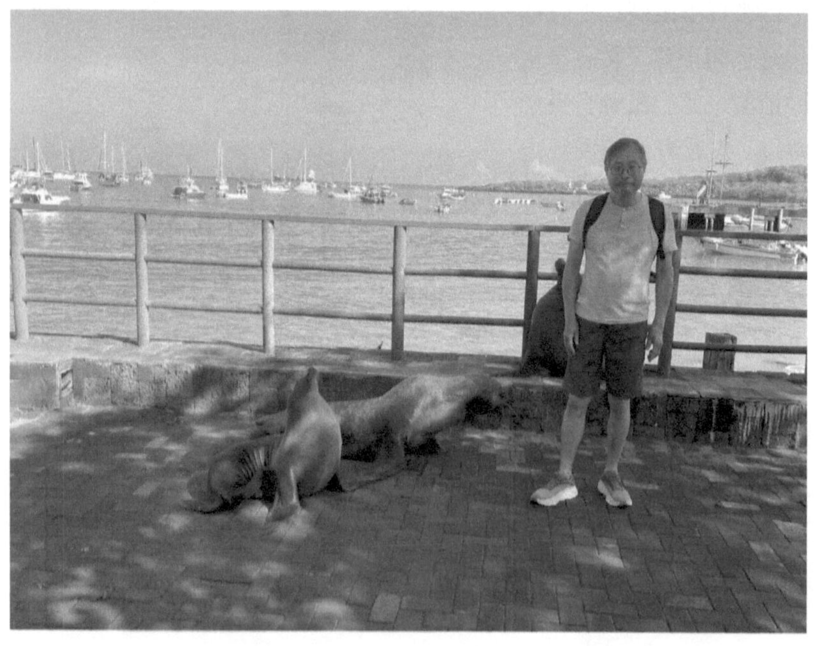

第六天

今天是我们在加拉帕戈斯群岛的第六天，游船组织我们去加拉帕戈斯的首府 Baquerizo 港，它位于 San Cristobal 岛，1835 年 9 月，达尔文乘船绕过伊莎贝拉岛西南端时，因无风而不能前行。他站在船上，看到一缕烟气正从某个巨大的火山口里袅袅升起。达尔文只能在塔霍斯湾（TagusCove）登岸。那个海湾位于岛的西海岸中部，后来那里的一座火山口以达尔文命名。这个港口首府是加拉帕戈斯群岛中有人居住的两个岛之一。达尔文曾写道："每当朝阳跃出海面，这里的鱼市就开始忙碌。摊主们忙着打理鱼获之时，海狮、海鬣蜥、鹈鹕等动物守候一旁，等待着免费早餐。其中海狮最为"霸道"，它们依靠体形优势和嘶吼声驱赶其他"竞争者"，企图独享盛宴。"当汽艇驶入港口，尽管港口停泊的游船有限，我还是感觉自己从野蛮世界回到了人类文明。港口码头小快艇穿梭，把从游船和飞机上下来的一群群游客，塞进这小小的城镇。小镇仅 8000 人口，经济主要靠旅游业支撑。这种在环境保护和经济发展前来回挣扎，难以平衡的小镇，显然是不够热闹的。有很多英国来的高中生，拖着箱子，在老师的带领下，走进旅馆。就像我们的高中生一样，读小学时就知道了张衡和祖冲之。可惜，到了 19 世纪中，当我们的知识分子还沉睡在"地大物博，无所不有"中享受诗琴书画、美食园庭时，达尔文来到太平洋赤道，加拉帕戈斯群岛的那些行动迟缓的巨龟和并不起眼的嘲鸫，给了达尔文最直接的冲击，他获得了灵感，发现了现代科学，准备与上帝

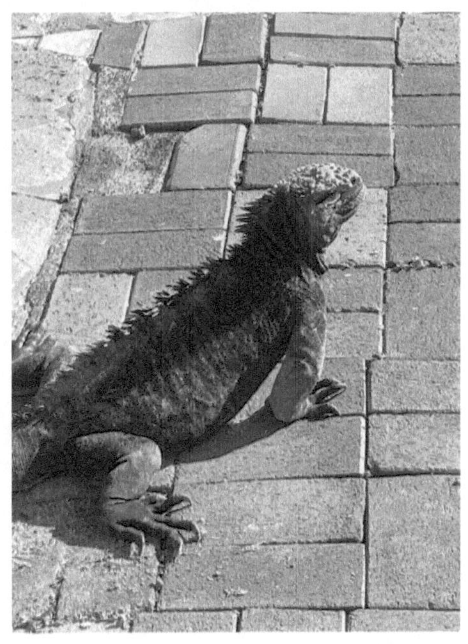

告别。我转身看着周围那些被烈日晒的全身通红的西方人，好像他们从海盗变成了科学家，掠夺者变成了慈善家，"崇敬"心由然而生。港口有中巴等着我们，把我们带到了加拉帕戈斯历史博物馆。博物馆简陋无比，基本以图片和图表介绍群岛的形成，及动物和人类如何迁徙到此的经过；群岛由 19 座火山岛及众多礁石群组成，所在位置跨越赤道、洋流交汇，不仅孕育了物种丰富的海洋和陆地生物，也塑造了独特多样的生态环境。我注意到美军是在二战期间，日军偷袭珍珠港时，为守住巴拿马运河，在这里建立基地的。博物馆内闷热的喘不过气来，我满头的汗水从脸颊流到脖子，从博物馆出来，居然穿过一片绿色的植物地带，难到岛上还有绿色的植被？中巴把我们载回港口，步行游玩港湾集市。这下我体会到达尔文说的海狮的霸道了。它们成群地从海上爬上岸，到处躺着，在礁石上、长椅上、店家门口、人行栈道、公共厕所，我的游伴站到它们旁边，想与它们合影，一头海狮抬起头，吹胡子瞪眼地尖叫了一下"给点吃的吧！"。我坐在一家冰激凌小店门口，眼睁睁地看见一个女人从厕所走出来，被正挪着爬进厕所的海狮吓了一大跳！它们比旧金山渔人码头的海狮厉害多了，不怕人，也不伤人，与丑怪的"地狱小鬼"海鬣蜥搭伴，在路上溜达。

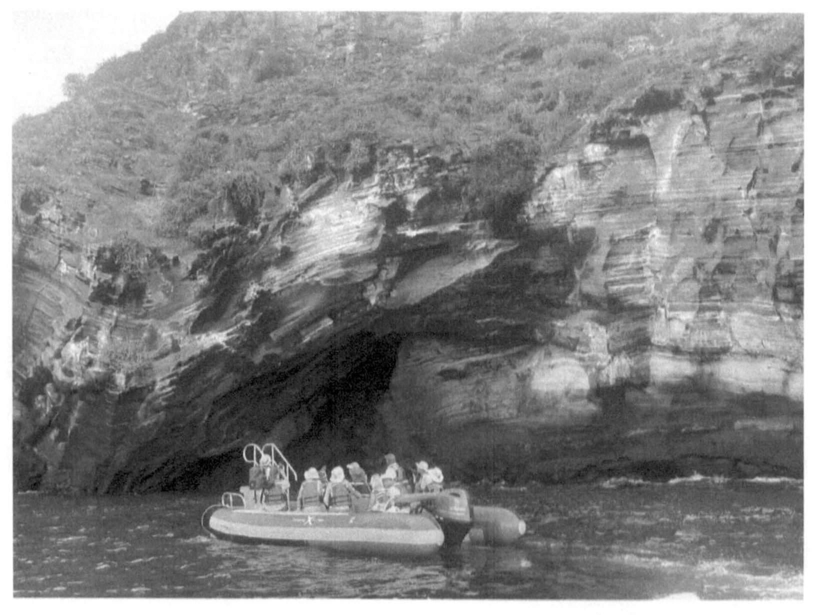

傍晚乘汽艇观看日落下的大海。一只群岛独有的加拉帕戈斯鹭（Lavaheron）站在礁岩壁细缝中伸出的矮树梢上，举手可及。它虽是满脸不耐，却也任我随意拍照。

第七天

昨天我们去了加拉帕戈斯海狮的老窝 Baquerizo，还没消化掉满耳的海狮嗷叫声，冲鼻子的怪味，今天就去拜访加拉帕戈斯真正的主人——象龟。清晨，我们的快艇迎着朝阳向群岛中南部的 Santa Cruz 岛的 Puerto Atora 港驶去。导游说，加拉帕戈斯的物种与植被散布在不同的岛上，大自然神奇地把握着物以类聚。地球上最大的象龟，就生活在 Santa Cruz 高地。我们一登陆，就被等候在港口的中巴接往高低的达尔文研究中心。中巴一路往上，开了四十多分钟，张牙舞爪欢迎我们的仙人掌突然招手和我们说再见了，山体出现了绿油油的植物和草坡，牛马悠闲地甩着尾巴吃草，大片的树枝上挂着下垂的青苔，就像我脸上挂着的汗水，一副无可奈何的样子，我似乎走进了华盛顿州的奥林匹克国家公园。在不到一个小时内，我们历经了三种不同的气候带。当地雨季不长，因雨水稀少，诸岛都有干旱区，也有高地海拔区。虽然海拔仅 300-600 米，但却成为岛上的湿润区域。干旱和湿润区之间还有一个过渡区。不同的地貌，不同的植被，滋养出不同的动物。群岛上的象龟和陆地鸟，大多生活在过渡区里。潮湿闷热的气候，让人类和许多蔬菜、瓜果闯进象龟的家园，与它们挤在一起安家落户。可怜无辜温柔而无力反抗的象龟，成为殖民者捕捉杀掠吃食的对象。在上两个世纪里，人类为了得到食物和龟油，一直在宰杀它们，以至于象龟频临灭种，一度消失。据说当年达尔文看了也不忍心。而在BBC的记录片里，他乘搭的小猎犬号离开时，和当时所有的船一样，抬了几十只象龟上船，象龟不吃不喝可以生存一年，容易储藏，成为船上最理想的新鲜食肉来源，到底达尔文有没有吃船员们煮的龟肉？还是坚守良心，大概只有他自己知道了。至少，他在游记中表现的同情心还是令人赏识的。百年之后，达尔文的后代们逐渐反省，摇身成为拯救地球、动物、还有人类自己的环保专家。

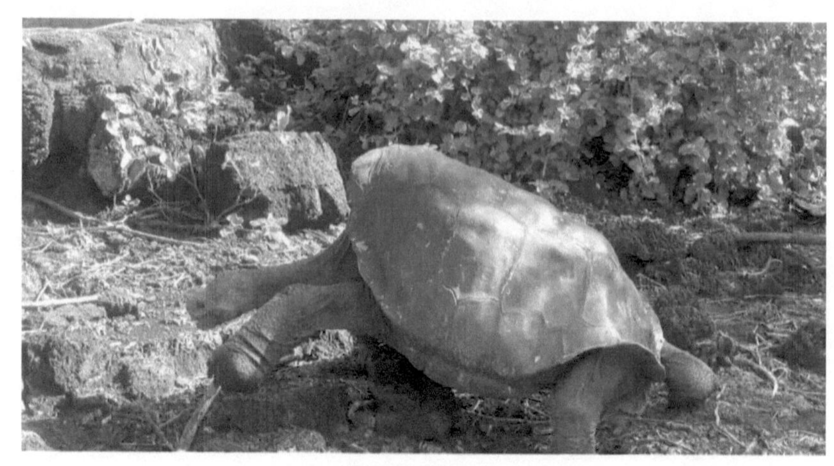

上世纪七十年代，有位研究蜗牛的生物学家，在加拉帕戈斯群岛发现了一只寂寞了一百多年的象龟，于是人们发起了拯救象龟的计划，达尔文研究中心就此揭幕。我们下车徒步 45 分钟来到中心参观，原来中心和成都的熊猫基地一样，是一个象龟养殖场。成年象龟身长1.2 米，体重达 300 公斤，可活到 200 岁左右。在众目睽睽之下，它们驮着钢盔甲似的弓背慢腾腾地行走，弓背弧度弯的像中国的赵州桥，颈部和四肢较长，站起来可以咬到树上的叶子。它们是草食动物，食仙人掌、草、树叶、苔藓和浆果等。中心还养育着许多不同年龄的小象龟。于是达尔文的后代们又开始焦虑起这些被关养的象龟，是否比生活在野外的自由象龟寿命短？导游回答是的，但你们不必担心，等象龟长大后，会放它们于大自然中，如今在岛上自由生活的象龟有八千多只。我旁边突然冒出来一个声音："昨天新闻里公布，加拉帕戈斯放生了 156 只象龟，你们的总统来参加放生仪式了。"

离开中心后，我们根据游船的计划，去义务植树，群岛的义务植树，是为致力于恢复本土生态系统。我们乘坐的名人游轮（Celebrity Cruises）等机构，开展的 Scalesia 植树造林项目最为著名，迄今已种植超过 85,000 多株特有植物，有效保护了濒危的野生动物。这些努力有助于缓解外来物种，比如黑莓和百香果的入侵和栖息地，破坏了当地植物的繁殖和成长。游船在游客登船的第一天就登记了游客们的鞋尺寸，我们在植树地边，换上游船为我们准备的长靴，每人拿着两棵

树苗和铲子，往山坡的热
带雨林走去。

　　游船把洗手的水桶
及简易座椅带到了植树
地旁，我们完工后洗手换
鞋。在换鞋时，我突然发
现周围的游客都穿着自
己的袜子，只有我俩是赤
脚穿进长筒靴的，把脚汗
留在了洗涤干净的靴子
里和他人，无地自容啊。
导游催促我们上车，要我
们观看放养在自然中的
自由象龟。一路上我见到
许多外来侵入的植物被

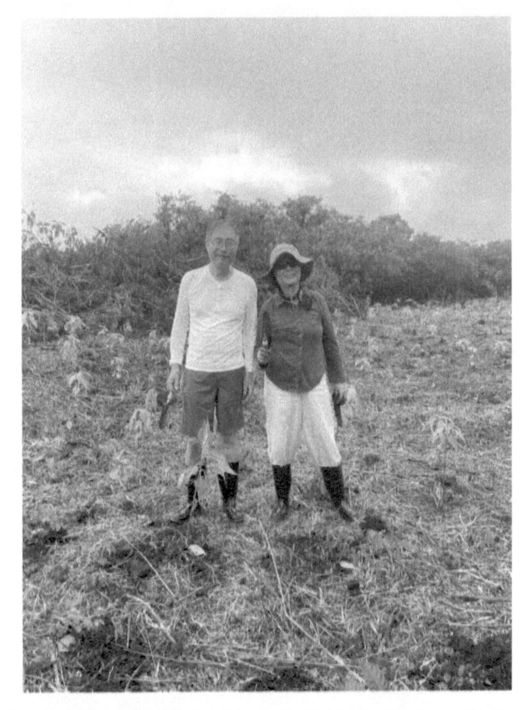

砍倒，堆积在一起，腾出大片土地，恢复了原有的草地和植物，象龟
们趴在路旁树下，水沟水塘里。窄小的公路两旁架着铁丝网，人为地
不让游客随意进入象龟的家园。雨林深处出现了一栋超大的园庭，导
游说那是我们吃午饭的地方，当我们走进餐厅，外面下起了倾盆大雨，
我们边吃饭边观看周围乐疯了的象龟，它们纷纷从隐蔽处爬了出来，
活像一个个移动的大石头。导游说，岛上百分之九十的土地都是国家
公园，加拉帕戈斯的动物和植物因得到有效的管理，正步步走向原自
然，你们饭后可以走近它们，问问他们生活的怎样？饭中，我们还欣
赏了当地高中生演出的秘鲁民族舞。在回游船的海域上，我看见一只
大鸟俯冲到海面，咬住了一条海蛇，海蛇在大鸟的长尖嘴中拼命与敌
人搏斗，大鸟撕咬着海蛇不放，几只汽艇都围了过去，停在一旁观看，
游客们屏息等待谁是最后的赢者，几个回合后，海蛇被大鸟吞了下去，
游客爆发出大笑、拍手，为赢者喝彩。为生存搏斗欺弱，你死我活，
实在是包括人类在内的所有动物的本性！晚餐我无法选择肉食，像象
龟那样吃素。眼前总是出现海蛇在大鸟变得粗大的长颈脖里翻腾、垂

死挣扎，和人们叫好的声音。

第八天

现在在等候离船飞基多，休息厅里的大屏幕中，继续放映着加拉帕戈斯的生物地理课。我已经改变了我初到群岛的感觉了，不得不说：这是地球上最孤独、最美丽的群岛。因为它既是独一无二的，也是地球演化变迁、动植物包括人类全球化的一个缩影，既遥远又似曾相识。

前天因纽约大雪，机场关闭。我们滞留在转机的亚特兰大机场旅馆，查了一下有关亚特兰大景点的网站，如我想象的一样，没什么太大值得观赏的；可口可乐、水族馆、CNN……，除了左派电视台 CNN，我有点兴趣以外，其他都没胃口。亚特兰大机场工作人员几乎都是非裔，他们工作非常认真，态度和蔼可亲，服务精准，似乎与北方纽约、芝加哥"趾高气扬"的非裔不同。玛格丽特·米切尔之家倒是想去看看的，但是记得读《飘》的时候，总读不下去，后来找到一本英文版，

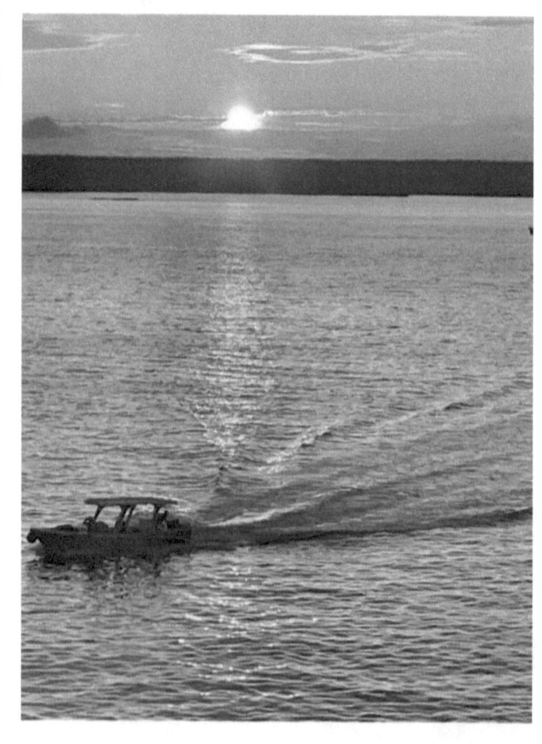

作为学英文来硬读。倒是电影有可看性，可能因为费雯丽的关系吧，是她在世界上捧红了郝思嘉。去一下老城吧，南北战争中，北佬烧了亚特兰大，所有的房子都毁了，残余的没几座，再去吃一顿南方菜？在机场旅馆附近的居民区走路闲逛，一眼望去方圆一英里的地方，只有我和垂头丧气的伴侣。围绕着 Holiday in，有几个"著名"的快餐连锁店，街

区大房子的草地上，还插着竞选川普和万斯名字的牌子，毫无生气。可怜民主党，连大本营都守不住，输在自家门前。再往前走，就是空旷的草地，一边是插着美国国旗的中学和足球场，一边是一大片死气沉沉的墓地，这几乎是美国乡村城镇的形象模式。鲜活的生命和地下的灵魂就相隔一条公路。倒是有好几颗巨大无比的、光秃秃的橡树站在那里苍劲有力，再过两个月，它们长出的叶子一定会遮住三分之一的草地，郝思嘉会在树下说，"After all, tomorrow is another day!"

从合唱团到 K 线图

竹笛（加拿大）

我原本是个和股票八竿子打不着的人。那天去参加合唱团，不过是想唱唱歌，换换心情。唱歌这件事，不需要本金，不需要判断趋势，也没有涨停跌停。只要气息稳一点，节奏准一点，日子就会显得很和谐。

排练结束，大家一起往回走。车里很热闹，聊着聊着，话题忽然拐了个弯，拐到了经济。有人说自己在炒期货，有人说在炒股票，还有人兴致勃勃地讲起某只股票一天涨了多少。我坐在一旁听着，忽然有一种奇怪的感觉——好像自己是个外星人。

他们说的是另一种语言：K 线、做多、做空、行情、支撑位、压力位……听着听着，我甚至怀疑自己是不是上错了车。这到底是合唱团的回程车，还是华尔街的移动办公室？

回到家，这些词还在脑子里转。我忽然有点好奇：股票到底是怎么回事？于是就开始研究。也许是运气，也许是悟性还算不错。第二天我试着买了一点股票。没想到当天竟然涨了 20%。我盯着账户里的数字看了几遍。那一刻忽然有点恍惚——原来钱可以这样来？心里甚至冒出一个危险的念头：这好像也不难哦。

后来才知道，股市最擅长的一件事，就是在一开始的时候给人一点甜头。像钓鱼的人，总要先抛出一点饵。而我，很显然就是那条咬钩的鱼。

于是胆子慢慢大起来。原本只是试试水，后来越投越多。账户里的数字忽上忽下，心情也跟着忽上忽下。慢慢才发现，炒股多少有点上瘾。每天早上醒来，第一件事不是刷牙，而是看行情。红了，心情像晴天；绿了，天空立刻阴云密布。

白天盯盘，晚上研究 K 线。财经新闻、论坛帖子、各种分析，看得津津有味。有时候甚至会问自己：到底是我在研究股票，还是股票在研究我？

股市确实像一辆过山车。往上冲的时候，人会忽然觉得自己眼光独到，判断英明，甚至隐约觉得巴菲特大概也不过如此；可一旦往下俯冲，人又会立刻谦虚起来，觉得自己离金融大师还有十万八千里。

股市的涨跌，其实没有那么可怕。真正波动得厉害的，是人的心。涨的时候，人会贪心；跌的时候，人会恐慌。K 线图只是在屏幕上安静地起伏，真正翻江倒海的，是人心里的那条曲线。

现在回头想想，那天合唱团回家的路上，大概就是我走进股市的起点。

只是后来才知道——合唱团练的是声部的和谐，而股市练的，却是情绪的稳定。只不过这门功课，比练高音难得多。毕竟，唱高音跑调，最多只是被指挥看一眼。而在股市里跑调，往往要自己买单。

股市真正教人的，从来不是赚钱的技巧，而是如何安放那颗忽上忽下的心。

感受错失

寒山老藤（纽约）

天没亮就醒了，上周六也不例外。

吃完真正的早餐，便坐在电脑前浏览网页。最近，新闻特别多。中东的硝烟遮住了油价，没硝烟的中期选举让人看见了早已摩拳擦掌的两党在斗智斗勇。

浏览完一大堆比剧本更有吸引力的新闻，我才看见，这是个雨后初霁的早晨。逆光中，街道弥漫着漫反射的光。我错失了一个捕捉光影的理想时辰。

这一生，错失的事太多了。但步入晚年之后，错失的失落感好像少了，倒不是看淡了所有，反而可能是正在逐步被社会边缘化。

曾经以为，既然即将被淡出世界，那就顺应地尽量删除记忆，特别是那些曾经让自己痛失际遇的记忆；既然得到或失去的都一样烟消云散，何不洒脱一些。而纠结却在于，人很难超脱，很难置身事外。一旦想起那些个错失，内心还会波澜起伏，还会有叹息和追悔。

我也曾想，展示在生活中的每一笔都是自己绘制的，染着自己生命的色彩；许多败笔已成了抹不去，也无法回避的陈迹，这也绘出了独属于自我的、那些真实的存在。如此，回望便不再是深陷其中，也不是弥补缺憾，而是回味这种被渲染了独有情绪的遗憾，这种抓住了际遇反而会失去的体验。

反转的情绪时常是很讽刺的，大概是年纪心态等综合出的化学反应。也是之前从未有过的感受，所以我想给自己腾出更多的这种静时光，去探寻情感的秘境，并不意味着我有了离群索居的念想，而是我还想到了那些独自度完余生的人，羡慕起他们可以不被打扰，在思绪飞扬时，可以随时放下手中的琐碎事，即时进入状态。

在大半生的忙碌逐渐落定时，努力让自己转为经历的阅读者。因为，最后一笔即将落下，无论落在哪里，此生的作品都将完结。

当生命中最后一片枯叶缓缓坠落，消失于历史的慢时光里，一切都在平静中褪为土色。就像公式被重新演示了一遍。

2026 年 3 月 27 日于纽约

www.ingramcontent.com/pod-product-compliance
Lightning Source LLC
Chambersburg PA
CBHW021128070726
47591CB00014B/1696